KB119206

# 물 화 物化

인정認定이론적 탐구

옮긴이_ 강병호

한림대에서 사회학과 철학을 공부하고, 서울대 대학원 철학과에서 '하버마스의 토의
적 민주주의 이론. 민주주의에 대한 규범적이고 사회학적인 연구'로 석사학위를 받았
다. 프랑크푸르트 괴테대학 철학과에서 악셀 호네트 교수의 지도를 받아 '존중의 윤
리. 칸트 도덕이론에 대한 인본주의적-의무론적 해석'(Ethik der Achtung. Eine
humanistisch-deontologische Interpretation der Kantischen Moraltheorie) 으로 철학
박사 학위를 받았다. 현재 윤리학, 사회철학, 서양근대철학을 중심으로 강의 중이
다. 악셀 호네트의 논문 '노동과 인정: 새로운 관계규정을 위한 시도'를 번역했다.
논문으로, 'Werte und Normen bei Habermas. Zur Eigendynamik des moralischen
Diskurses'(2009), '악셀 호네트. 인정투쟁: 사회적 갈등의 도덕적 구조와 논리'
(2010), '칸트에게서 사람에 대한 존중과 법에 대한 존경. 관계규명을 위한 시도'
(2013), '정언명령의 보편법 정식과 목적 그 자체 정식. 두 정식의 등가성에 관하여'
(2013), '정언명령의 세 주요 정식들의 관계. 정언명령의 연역의 관점에서'(2014).

나남신서 1169

물 화 物化
인정認定이론적 탐구

2006년 9월 10일 초판 발행
2015년 9월 30일 재판 발행

저자_ Axel Honneth
역자_ 강병호
발행자_ 趙相浩
발행처_ (주) 나남출판
주소_ 413-756 경기도 파주시 회동길 193
전화_ (031) 955-4600 (代), FAX : (031) 955-4555
등록_ 제 1-71호 (79.5.12)
홈페이지_ http://www.nanam.net
전자우편_ post@nanam.net

ISBN 89-300-8169-6
ISBN 89-300-8001-4 (세트)
책값은 뒤표지에 있습니다.

나남신서 · 1169

# 물 화 物化

인정認定이론적 탐구

악셀 호네트 / 강병호 옮김

## 한국어판에 붙여

이번에 출간되는 이 책은 한국어로 번역되는 나의 두 번째 책이다. 여기서 전개된 사유는 첫 번째 책 《인정투쟁》(*Kampf um Anerkennung*)의 논지에 익숙한 독자들을 조금은 놀라게 할 것이다. 물화(物化)를 우리 인간의 삶과 실천의 변함없는 전제들에 대한 위반으로 이해하려는 이 시도에서 나는 "인정(認定)"의 기본층(層)을 도입하는데, 앞의 책에는 이를 보완하는 개념이 담겨 있지 않다. 거기서 나는 상호인정의 세 가지 형식, 그러니까 사랑과 권리 그리고 연대에 대해서 말했는데, 그것들은 우리가 인간 인격체에서 무엇을 어떤 방식으로 인정하며 확인하는가에 따라 그때마다 구분될 수 있는 것이다. 당연하게도 그 사이 나는 이러한 본래 도식에 일련의 수정과 정교화를 시도했는데, 이것들은 본질적으로 사회적 재생산을 위해 인정이 수행하는 규범적 역할을 보다 잘 이해하기 위한 것이었다. 나의 본래 착상에 흥미로운 이견을 제시한 다른 저자들과의 의견교환 속에서 도달된 이러한 일련의 개선(改善)들이 나의 착상을 다듬는 데 도움이 되기를 희망한다.

5

그런데 "물화"에 관한 탐구인 이 새 책을 준비하면서 비로소 인정이론에 지금까지 하나의 근본층이 빠져있다는 것이 나에게 분명해졌다. 나는 지금까지의 작업에서 주로 서로 다른 인정형식들의 규범적 내용에 집중해왔기 때문에 모든 인정의 전제, 즉 인간 주체를 "인격체"로 지각하는 문제를 단순하게 지나쳐왔다. 다르게 말하자면 다른 사람들을 그들이 갖고 있는 특정한 속성에서 인정할 수 있는 것은, 우리가 어쨌든 그들을 일단은 그러한 속성의 가능한 담지자로 "구성"했을 때, 그러니까 그렇게 지각하기를 배웠을 때만이다.

이번에 출간되는 이 연구에서 나는 우리가 적절한 사회화 조건 아래 있다면 인정의 이러한 기본 형식을 거의 자동적으로 배우게 된다는 논증을 전개한다. 규범적으로 내용이 풍부한 인정형식들을 발전시키기 전에 우리는 사회적 생활세계 속으로 들어가 성장하는 과정 속에서 이미, 다른 사람들이 ─ 우리가 중립적으로는 그에 대해 반응할 수 없는 ─ 인격적 속성을 소유하고 있다는 것을 경험하게 된다. 하이데거, 존 듀이, 사르트르 같은 여러 사상가들이 주목했던, 타자를 통해 항상 이미 감응(感應)되어 있다는 이러한 사실을 나는 여기서 "선행하는 인정"이라고 이름한다. 그리고 물화의 가능성, 그러니까 사람을 "물건"으로 지각하고 다룰 수 있는 가능성을 인정의 이런 기본 형식에 대한 차후의 망각이란 정황으로부터 설명한다.

이로서 단지 암시된 논증이 이제 책의 형태로, 또한 한국어로도 출간되어 매우 기쁘다. 유럽의 정신사적 맥락에서 발전된 이러한 생각이 문화적으로 다르게 형성된 환경에서도 이해하고자 하는 흥미와 관심을 만나

게 되기를 당연하게도 나는 매우 희망한다. 무엇보다 나는 이 책의 옮긴
이인 강병호 씨에게 감사해야겠다. 그는 최대의 성의와 인상깊은 전문지
식을 가지고 이 작업에 임하였다. 번역에서 그의 세심함은 끝에 가서 독
일어 원문에 아직 남아있던 몇몇 실수들을 나에게 증명하기에 이르렀다.
저자 자신보다 본문을 더 정확하게 검토했다는 것을 시인하는 것보다 옮
긴이에 대한 더 큰 칭찬이 있을 수 있을까.


2006년 6월, 프랑크푸르트에서

악셀 호네트(Axel Honneth)

# 머리말

지금 내놓는 이 연구는 내가 2005년 3월 버클리 대학에서 행한 태너 강좌 (Tanner-Lectures)를 다듬고 확대한 것이다. 이 기회에 서구 맑스주의의 한 중요한 주제를 버클리의 분석적으로 훈련된 청중들의 귀에, 그 이론적 윤곽과 시급성이 이해될 수 있도록 재정식화하는 것이 나의 목표였다. 당연히 이러한 길을 통해 나는 또한 비판이론 전통의 유산 중 오늘날까지 처리되지 않은 한 주제를 다루는 데 인정 개념을 유익한 것으로 만들고자 시도했다. 내가 청중들의 반응을 잘못 해석하지 않았다면 프랑크푸르트와 버클리 사이에 다리를 놓으려는 이 시도는 성공한 것 같다. 무엇보다 나의 강연에 대한 논평자로 초대된 주디스 버틀러(Judith Butler), 레이먼드 고이스(Raymond Geuss), 조너선 리어(Jonathan Lear)는 그들의 특별한 관심과 현명한 이의제기를 통해 그들이 나의 논증을 호의를 갖고 추적했음을 분명히 보여주었다. 나는 원고를 다듬으면서 그들의 제안과 권유를, 그리고 내가 프랑크푸르트에서 라헬 예기(Rahel Jaeggi)와 크리스토퍼 주른

(Christopher Zurn)으로부터 얻은 지적들을 고려하고자 시도했다. 나는 이들 모두에게 그들이 나의 원고에 보내준 단호한 비판에 대해 감사한다. 나의 강연을 빨리 출판하기 위해서 출판사 측에서 에봐 길머(Eva Gilmer)가 최선을 다하였다. 그녀의 관심에 대해서도 진심으로 감사하고 싶다.

2005년 5월, 프랑크푸르트에서

악셀 호네트

"모든 물화(物化)는 망각이다."

호르크하이머 / 아도르노, 《계몽의 변증법》


"지식은 결국 인정(認定)에 근거하고 있다."

비트겐슈타인, 《확실성에 관하여》

나남신서 · 1169

# 물 화 物化
인정認定이론적 탐구

차 례

- 일러두기

· 이 책은 2005년 독일 프랑크푸르트의 주어캄프 출판사에서 나온
  《Verdinglichung》을 완역한 것이다.

· 이 책의 제3장과 제6장에 달린 소제목들은 독일어 원문에는 없으나
  한국어판을 위해 옮긴이가 저자와 협의하여 붙인 것이다.

· 본문 아래 번호로 된 각주는 지은이의 것이고, 별표(*)로 된 것은
  옮긴이가 독자의 이해를 돕고자 붙인 것이다.

· 독일어 원문에 있는 몇몇 오류들이 저자와의 협의를 거쳐 수정되었
  으나 일일이 표시하지 않았다.

· 인용하는 문헌들 중 한국어 번역이 있을 경우 이를 적극적으로 사용
  하였다. 부분적으로 번역을 수정하기도 하였고, 다른 용어를 사용
  하기도 하였지만 이를 일일이 밝히지는 않았다.

"물화"(物化) 개념은 지난 세기의 1920년대와 30년대에 독일어권에서 문화 및 사회비판을 주도한 모티브였다. 이 물화라는 표현과 그와 이웃한 개념들에서, 증가하는 실업과 경제위기의 압력 아래 있던 바이마르 공화국을 각인했던 당시의 경험들이, 오목거울에서처럼 집중되어 비춰지는 것 같았다. 사회적 관계는 점점 더 냉정하고 계산적인 목적지향적 관계를 띠어갔다. 자신의 산물에 대한 장인적 애정은 사물을 한낱 도구적으로 처분하는 태도에 의해 분명하게 밀려나고 말았다. 주체들의 내적인 경험조차 계산적 순응의 차가운 입김에 의해 얼어갔다. 그러나 그러한 흐릿한 분위기가 실제로 "물화"라는 하나의 공통분모 위에 올려지기 위해서는 지성적이고 현실참여적인 한 철학자의 지적 감수성이 필요했다. 그가 바로 게오르크 루카치(Georg Lukàcs)였다. 그는 1923년에 펴낸 논문모음집 《역사와 계급의식》에서 칼 맑스(Karl Marx), 막스 베버(Max Weber), 게오르크 짐멜(Georg Simmel)의 저작들로부터 모티브를 대담하게 취하고 결합하여 "물화"라는 열쇠개념을 주조하는 데 성공하였다(루카치 1992). 임박한 혁명에 대한 희망에 의해 추동된 이 책의 중심에는 "물화와 프롤레타리아트의 의식"이란 3부로 이루어진 긴 논문이 자리잡고 있다(루카치 1992: 153~311). 이 논문은 당시 지배적이던 삶의 형식을 사회적 물화의 결과로 분석하도록 한 세대 전반에 걸쳐 철학자와 사회과학자들을 자극하였다(Jay 1984: 2장 ; Arato/ Breines 1979 참조).

그러나 제2차 세계대전이 끝난 후 "물화"라는 범주는 그 중심적 지위를 상실한다. 마치 홀로코스트의 문명파괴가 과장된 사회진단으로 기우는 모든 사변적 경향을 마비시켜 버린 듯이, 사회이론가와 철학자들은 "물화" 혹은 "상품화" 같은 병리학적 개념들을 사용하기보다는 민주주의의 부족과 사회정의의 결핍을 분석하는 데 만족하였다. 물론 병리학적으로 시대를 진단하는 관점들이 프랑크푸르트 학파에 속하는 학자들의 저작 속에서, 특별히 아도르노의 작업 속에서 계속 살아남았고, 1960년대 후반 학생운동 시기에는 루카치의 연구에 대한 기억이 다시 한 번 짧게 불타올랐지만(대표적인 예로 Cerutti 1971 ; Matzner 1974), 그러나 전체적으로 보아 "물화" 개념으로 시대를 진단하고자 했던 기획은 결국 지나간 지 오래된 과거의 일처럼 보였다. "물화"라는 용어를 언급하는 것조차 세계 2차 대전 이후 문화적 개혁과 이론적 혁신을 통해 이미 정당성을 상실한 시대의 문화에 완고하게 머무르려는 증상처럼 여겨졌다.

비로소 최근 들어 이러한 상황이 다시 한 번 바뀔 수도 있겠다는 징후들이 늘어나고 있다. 철학적으로 소화되지 않은 파편처럼 "물화"라는 범주가 바이마르 공화국의 심연으로부터 귀환하여 새롭게 지적 담론의 무대에 등장하는 것이다. 이렇게 시대를 진단하는 지적 분위기가 빠르게 바뀌고 있지 않은가 하는 추정을 뒷받침해줄 수 있는 서너 가지 지표들이 있다. 우선 아직 전혀 극적이지 않은 것으로 다수의 장·단편 소설들을 지적할 수 있는데, 이것들은 우리들의 일상생활이 눈에 띄지 않게 경제화되고 있는 것을 미적 아우라를 통해 전달한다. 특정한 종류의 양식적 요소들을 사용하여 혹은 어휘들의 취사선택을 통하여 이러한 문학적 증언들은 사회 세계가 독자들에게 다음과 같이 나타나도록 한다. 그 사회의 주민들은 자기자신 및 다른 사람과 관계할 때, 생명 없는 대상과 관계할 때와 본질적인 면에서 차이가 없는 것이다. 그러니까 자신 및 다른 사람들과의 관계에서도 내적 감각의 자취나 상대방의 관점을 취해보려는 시도의 흔적을 찾아볼 수 없다. 미국 소설가 레이먼드 카버(Raymond Carver 1992)와 해럴드 브로드키(Harold Brodkey 1989), 프랑스 문학의 악동 미셸 울레벡 (Michel Houllebecq 1999), 그리고 독일어권의 작가인 엘프리데 옐리넥 (Elfriede Jelinek 1983)과 질케 쇼이어만(Silke Scheuermann 2005)이 이러한 맥락에서 언급될 수 있을 것이다.[1] 그러한 서사적 작품들에서 물화가 단지 정서적 분위기로서 나타나 있다면 최근의 사회과학적 분석들에서는 물화가 인간행동의 변화된 형식으로서 연구된다. 오늘날 문화사회학이나 사회심리학의 분야에서는 주체들이 기회주의적 이유에서 특정한 감정이나 욕구를 ─ 그것들이 마침내 실제로 자신들의 인성의 구성요소로 체험되기까지 ─ 갖고 있는 척하는 경향이 강화되고 있다고 보고하는 연구들이 셀 수 없이 많이 있다.[2] 말하자면 정서적 자기조작의 한 형태인데 루

---

[1] 이 모든 문학작품들에서는 그러나 "물화" 현상의 지각과 소외현상의 관찰들이 섞여있다. 후자, 즉 "물화"와 마찬가지로 맑스주의적 전통에서 유래하는 "소외" 개념에 대한 재구성 시도를 라헬 예기가 잘 해냈다(Jaeggi 2005).

카치가 "체험과 신념"의 "매춘행위"에 대해서 말할 때, 그리고 거기서 사회적 물화의 "극치"를 볼 때 이미 염두에 두었던 것이다(루카치 1992: 173).

물론 감정관리 경향에 대한 그러한 진단에는, 차가운 사실성(*Sachlichkeit*)과 조작의 분위기를 전달하는 요즘 대부분의 문학적 증언들에서와 마찬가지로 "물화" 개념이 명시적으로 나타나지는 않는다. 이러한 사정은 오늘날 물화라는 주제의 귀환을 추정케 하는 세 번째 부류의 문헌들을 접하게 되면 비로소 달라진다. 그러니까 최근 들어 윤리학 혹은 도덕철학의 내부에서도 루카치가 자신의 분석에서 분명하게 염두에 두었던 그러한 사회현상들을 포착하려는 노력들이 많이 이루어지고 있다. 그러한 문헌들에서는 "물화" 개념이, 그 개념이 유래하는 텍스트가 언급되지는 않지만, 분명히 자주 사용되고 있다. 예를 들어 마사 누쓰바움(Martha Nussbaum 2002)은 최근의 연구에서, 다른 사람을 도구적으로 이용하는 특히 극단적인 형식을 특징짓기 위해서 명시적으로 "물화"라는 표현을 사용한다.[*] 다른 한편 엘리자베스 앤더슨은 "물화" 개념을 사용하지는 않지만 우리들의 삶에

---

2 알리에 루쎌 호흐쉴트(Arlie Russel Hochschild 1990)의 연구는 이미 고전이 되었다.

[*] 여기서 호네트가 인용하고 있는 누쓰바움의 논문 "물화"는 처음에 영어로 씌어졌다. 거기서 누쓰바움이 사용하고 있는 표현은 'objectification'인데 이 논문의 독일어 번역자는 이를 'Verdinglichung'으로 옮겼다. '물화'에 대응해서 가장 자주 쓰이는 영어 단어는 'reification'라서 이러한 번역이 낯설게 느껴질 수도 있다. 그러나 이 논문의 내용, 구체적으로는 이 논문에서 누쓰바움이 맑스를 언급하고 있는 점, 맑스에서 'Objektifikation'이 갖는 의미 등을 고려해볼 때, 호네트는 'Verdinglichung'이라는 번역어가 적절한 용어라고 생각하고 독일어 번역어를 그대로 사용하고 있다. 또 'Verdinglichung'의 영어 번역어로 'reification' 대신 'objectification'을 사용하는 경우도 드물긴 하지만 아주 낯선 것은 아니다.

있어서 경제적 소외라는 매우 비슷한 현상을 분석하고 있다(Elizabeth Anderson 1993: 특별히 7장과 8장). 이러한 윤리적 맥락에서 "물화" 혹은 그와 유사한 과정들은 결연하게 규범적인 의미에서 얘기되고 있다. 즉, 다른 주체들을 그들의 인간적 속성에 맞춰 대하지 않고 느낌 없고 생명 없는 대상처럼, 마치 "물건"이나 "상품"처럼 취급한다는 의미에서 우리들의 도덕적 혹은 윤리적 원칙들에 어긋나는 인간행동을 일컫고 있다. 매우 다양한 경향의 경험 현상들이 이러한 규정에 포괄되는데, 예를 들어 대리모에 대한 증가하는 수요, 애정관계의 시장경제화, 섹스산업의 폭발적 성장 등이 그것이다(Wilkinson 2003 ; 개괄하는 글로 Jaeggi 1999).

마지막으로 우리 시대의 두드러진 발전을 개념적으로 특징짓기 위해 "물화" 범주가 요즘 들어 다시 사용되는 네 번째 맥락이 확인될 수 있다. 최근 들어 뇌에 대한 연구결과와 사회적 영향을 둘러싼 토론들에서, 이 경우에 완고한 자연과학적인 접근방식은 물화하는 태도를 드러낸다고 심심찮게 지적되고 있다. 이러한 주장에 따르자면 인간의 느낌과 행위를 한낱 뇌 속의 신경작용에 대한 분석을 통해 설명할 수 있다고 전제하는 자연과학적 접근방식은 인간을 모든 생활세계의 지식들로부터 추상화하여 인간을 경험 없는 자동기계처럼, 결국에는 물건처럼 취급한다. 앞에서 언급된 윤리적 연구에서와 마찬가지로 여기에서도 물화개념은 이러한 접근방식이 본질적으로 도덕원칙에 어긋난다는 것을 분명히 하기 위해 도입된다. 신경생리학적 고찰이 인간의 특성들을 염두에 두지 않는 것 같다는 사실이 "물화"의 한 경우로 표시되는 것이다(Kuhlmann 2004 참조). 그러니까 이 두 맥락에서는 한낱 물건에 대한 암시를 통해 이 개념에 담겨 있는 존재론적 함축이 단지 부차적이고 주변적인 역할에 그치고 있는 것이다. 다시 말해서 특정한 "물화"하는 행동은 우리의 일상행위의 존재론적 전제에 어긋나기 때문이 아니라 도덕원칙에 어긋나기 때문에 의심스럽고 잘못이다. 이와 달리 루카치는 어떤 윤리원칙도 끌어들이지 않고서 자신의 분석을 수행해 나갈 수 있다고 아직 믿고 있었다. 루카치가 자신의 논문에서 "물화" 개념을 가지고 ― 존재론적 사실에 어긋난다는 이유만으로 이미 그릇된 것인 ― 사회적 행동과 실천의 특징을 서술할 수 있다고 믿고 있는 한에서, 그는 그 개념을 문자 그대로 생각하고 있었다.

루카치의 물화현상 분석은, 도덕적 어휘를 전혀 사용하고 있지 않지만, 당연히 규범적 내용을 담고 있다. 무엇보다 "물화"라는 개념의 사용이 이미 그의 가정을 드러내고 있는데, 그가 서술한 현상들에서 세계에 대한 "진정한" 혹은 "올바른" 태도가 결여되어 있음이 틀림없다는 것이다. 또한 루카치는 그가 혁명을 통해 기존 관계를 변화시켜야 할 역사적 필연성을 드러낼 때 독자들이 당연히 동의하리라고 전제하고 있다. 그러나 루카치가 이러한 암묵적 판단을 내리고 있는 이론적 수위는, 앞에서 물화 개념이 다시 등장하고 있다고 언급한 맥락에서 그에 상응하는 가치평가들이 내려지고 정당화되는 논의 차원보다 한 단계 깊다. 왜냐하면 루카치는 물화에서 도덕원칙에 대한 위반을 보기보다는, 우리의 삶의 형식을 이성적이게끔 해주는 인간적 실천과 태도의 결여를 보기 때문이다.[3] 루카치가

---

3 이렇게 "보다 깊게" 구상된, 내가 여기서 "사회존재론적"이라고 부르는 비판 형식을 추구하는 이론가로 찰스 테일러(Charles Taylor 1995)를 들 수 있다. 사회비판의 형식과 관련해서 개괄하는 글로는 Honneth 2002a를 참조. 물화 개념을 "사회존재론적"으로 복권하려는 최근 들어 행해진 유일한 시도는 크리스토프 뎀메링(Christoph Demmerling 1994)의 것인데, 그러나 언어분석적 관심에서 이루어졌다.

우리들의 삶의 관계가 자본주의에 의해 물화되었다고 비판하기 위해 동원하는 논거들은 간접적으로만 규범적 성격을 띤다. 왜냐하면 그러한 논거들은, 우리들의 실존의 합리적 토대를 파악하려는 사회존재론 혹은 철학적 인간학의 기술적(記述的) 요소들로부터 나온 것이기 때문이다. 그런한에서 우리는 그의 물화분석이 우리의 삶과 실천 속에서 발견되는 병리현상에 대해 사회존재론적 설명을 제공한다고 말할 수 있겠다(Honneth 2004). 그러나 우리가 오늘날에도 여전히 이런 식으로 말해도 되는지, 그러니까 사회존재론적 통찰에 힘입어 특정한 삶의 형식에 대한 비판을 정당화할 수 있는지는 결코 확실하지 않다. 전략적 행위가 현대 사회에서 무척 필요한 요소라는 점을 고려하면 도대체 아직도 "물화"라는 개념을 가지고 내적으로 일관된 사유를 표현해 낼 수 있을지조차 분명하지 않다.

# 1 루카치의 물화 개념

"물화" 개념이 오늘날에도 여전히 사용가치를 가지고 있는가 하는 물음을 해명하기 위해서 우선 루카치의 고전적 분석에 주목하는 것이 좋을 것 같다. 그러나 우리는 그의 범주적 도구들이 현상학적으로 사건들을 자주 올바르게 포착하기는 하지만, 그것들을 적절하게 개념화하기에는 충분하지 않다는 것을 곧 확인하게 될 것이다. 루카치가 "물화" 개념을 존재론화하는 일상적 이해에 묶여 있다는 것은, 그가 자신의 논문의 첫쪽에서 벌써 맑스를 언급하며 물화는 "사람들 사이의 관계가 물건 같은 성격을" 띠는 것 외에 다름 아니라고 주장할 때 드러난다(루카치 1992: 154).[1] 이러한 기본적 형식에서 물화 개념은 인지과정을

---

1 루카치의 물화 개념에 대해서는 뤼디거 단네만의 포괄적인 연구를 참고할 것

가리키고 있는 것이 분명하다. 그 자체로 어떠한 물건적 속성도 갖고 있지 않은 어떤 것이, 말하자면 인간적인 것이 물건 같은 어떤 것으로 여겨지는 인지과정 말이다. 여기서 이러한 물화의 경우, 그것이 단순히 인지과정에서의 범주착오인지, 아니면 도덕적으로 비난받을 만한 행위인지, 혹은 전체적으로 왜곡된 실천의 형식인지는 아직 분명하지 않다. 그러나 몇 문장만 더 읽다보면, 루카치가 범주착오만이 아니라 그 이상을 염두에 두고 있다는 것이 분명해진다. 왜냐하면 물화과정은 인지적 오류로는 거의 설명될 수 없는 다층성과 견고함을 갖고 있기 때문이다. 루카치는 자본주의 사회의 성립과 함께 상호주관적 행위의 지배적 형식이 된 상품교환의 확장이 물화의 지속과 확산의 사회적 원인이라고 여긴다. 주체들이 다른 사람들과의 관계를 우선적으로 등가물의 교환을 통해 조절하기 시작하자마자, 그들은 자신들의 환경세계와 물화하는 관계를 맺도록 강제된다는 것이다. 주체들은 이제 주어진 상황의 구성요소들을, 그것들이 자신들에게 어떤 이익을 가져올 것인가 하는 자기중심적 손익계산의 관점에서만 인지하는 것을 더 이상 피할 수 없기 때문이다. 이렇게 강제된 관점전환은 다양한 방향으로 영향을 미치는데, 루카치에 따르면 그 방향의 다양함만큼 많은 수의 물화형식

---

(Rüdiger Dannemann 1987).

이 생겨난다. 상품교환에서 주체들은 ① 눈앞의 대상들을 잠재적으로 이익을 가져올 수 있는 "물건"으로만 지각하도록, ② 자신들의 상대편을 이익을 가져올 거래의 "객체"로만 여기도록, ③ 결국에는 자신들의 능력을 가치증식의 기회계산에서 추가적인 "자원"으로만 고려하도록 서로에게 요구한다. 루카치는 객관세계, 사회 그리고 자기 자신에 대한 관계에 영향을 미치는 이러한 모든 태도변화를, 그들 사이의 미묘하고 섬세한 차이에 대해 주목하지 않은 채 그냥 다 "물화" 개념 밑으로 끌어들인다. 양적으로 평가된 대상뿐만 아니라 도구화된 동료인간, 나아가 경제적 가치증식의 측면에서만 경험되는 주체 자신의 능력과 욕구들까지 모두 "물건 같은 것"(dinghaft)으로 부른다. 게다가 루카치에 의해 "물화하는"이라고 규정된 태도 안으로, 완고한 이기주의부터 초연함(Teilnahmslosigkeit), 나아가 경제적으로 쏠린 이해관심에 이르기까지 다양한 요소들이 흘러들어 온다.

그런데 루카치는 자신의 분석에서 상품교환에의 참여가 사람들에게 요구하는 앞의 태도변화에 대해서 한낱 현상학적 분석 이상을 제공하려고 한다. 그의 눈길이 처음에는 거의 배타적으로 맑스가 "상품물신숭배"(Warenfetischismus)[2]로 묘사한 현상을

---

2 맑스의 정치경제학 비판에서 물신숭배 분석과 물화 비판의 연관관계에 대해서는 게오르크 로만(Georg Lohmann 1991)을 참조할 것. 특히 제5장.

향해 있지만(맑스 2002: 91쪽 이하), 몇 쪽을 더 읽다보면 곧 경제영역에 한정되어 있던 시야가 넓어지는데, 물화를 강제하는 것을 자본주의 안의 일상생활 전체로 확대함으로써 그렇게 된다. 그러나 이러한 사회적 일반화가 이론적으로 어떻게 전개되어 나갈지가 그의 텍스트에서 아주 분명한 것은 아니다. 루카치가 대안적 설명전략들 사이에서 동요하는 것처럼 보이는 까닭이다. 한편에는 기능주의적 논거가 있다. 자본주의의 확장이라는 목적을 위해서 모든 삶의 영역들이 상품교환이라는 행위유형에 맞춰져야 한다는 것이다(루카치 1992: 167). 동시에 다른 한편에서는 막스 베버에 기대어 합리화과정이 그 자체의 힘으로 목적합리적 태도를, 지금까지 전통적 행위방식에 복속되어 있던 사회영역으로까지 확장시켰다고 주장한다(루카치 1992: 167~8). 이런 일반화 과정에 대한 정당화가 비록 문제가 많긴 하지만 루카치는 이를 통해 결국 자신의 연구의 중심테제에 도달한다. 자본주의에서 물화는 인간들의 "제 2의 자연"이 되었다는 것이다(루카치 1992: 157). 다시 말해서 자기 자신과 자신을 둘러싸고 있는 세계를 한낱 물건과 객체라는 도식에 따라 지각하는 것이 자본주의적 삶의 형식에 참여하는 모든 주체의 상습적인 습관이 될 수밖에 없다.

이러한 물화에서 어떤 종류의 잘못이 범해진 것인가 하는 물음을 더 추적하기 위해서는 루카치의 분석의 그 다음 걸음이 먼저 설명되어야 한다. 지금까지 그는, 우리가 보아온 것처럼, "물건" 혹은 "물건 같은 것"이란 개념을, 한 주체가 그의 환경세계에서 혹은 자기 자신의 인격에서 경제적으로 가치증식이 가능한 요소로 지각하는 모든 현상들에 대해 매우 태만하게 사용하였다. 그에 따르자면 대상이든, 다른 인격체든 혹은 자신의 능력이나 감정이든 상관없이, 그것들은 경제적 거래에서 사용가능성이란 관점 아래에서 고려되자마자 물건 같은 객체로 체험된다. 그러나 이러한 개념전략은 "물화"가 "제 2의 자연"이라는 생각을 정당화하기에는 당연히 충분하지 못하다. 왜냐하면 우리가 "제 2의 자연"에 대해 말할 때면 우리는 단순히 경제적 영역만이 아니라 사회적 행위의 모든 영역과 차원을 염두에 두기 때문이다. 하지만 물화가 단지 모든 상황요소들을 경제적으로 계산가능한 요소로 재정의하는 것만을 의미한다면, 등가물 교환 영역 이외의 행위영역에서 물화의 의미는 어떻게 설명될 수 있을까? 흥미롭게도 루카치 자신이 여기에 웅크리고 있는 이 문제를 스스로 알아챈 것 같다. 분석을 해나가는 도중에 곧 자신의 개념적 접근방식의 방향을 트는 것으로 봐서 그렇다. 파악한 대상의 편에서 물화를 통해 생겨난 변화들에 우선적으로 주목하는 대신에, 루카치는 이제 행위하는 주체가 스스로에게서 겪어야만 하는 변형을 고찰한다. 상품교환의 강제 아래서는 주체들의 "행동"에도 변화가 일어나는데, 이 변화는 주체의 주변 세계에 대한 관계 전반에 영향을 미친다는 것이 루카치의 주장이다. 다시 말해서 행위자가 지속적으로 교환 상대자의 역할을 맡자마자 그는 "관조적 자세"를 갖게 되고 "낯선 체계 속에 끼워 맞추어진 한 파편으로서 현존재에게 일어나는 사건들에 하등의 영향력도 끼칠 수 없는 방관자"가 된다(루카치 1992: 162). 이러한 개념적 방향설정의 변화와 더불어 "관조"(Kontemplation)와 "초연함"은 물화를 통해 사회적 행위자 차원에서 일어나는 변화를 설명하는 열쇠개념이 된다. 주체는 더 이상 자신의 환경세계에서 일어나는 행위결과들에 적극적으로 참여하지 않고, 그것들에 의해 심리적으로나 실존적으로 영향받지 않는 중립적 관찰자의 관점을 취한다. 그러므로 "관조"는 여기서 이론적 몰입이나 몰두의 자세보다는 감내하며 수동적으로 관찰하는 태도를 의미한다. "초연함"은 행위자가 행위결과에 의해 감정적으로 더 이상 감응(感應)되지 않고, 무관심하게 그저 방관하며 사건들을 스쳐 보내는 것을 의미한다.

이러한 개념전략을 통해 우리는 루카치가, "물화"가 인간의 "제2의 자연"이 되었다는 자신의 생각을 설명할 수 있는 보다 적합한 토대를 찾았다는 것을 어렵지 않게 알아챌 수 있다. 온전한 해명을 위해서는 아직도 몇몇 이론적 중간걸음들이 부족해 보이지만 그럼에도 기본적인 생각은 다음과 같이 서술될 수 있다. 확장되어 가는 상품교환의 행위영역에서 주체는 사회적 삶의 참여자보다는 관찰자로 행동하도록 강제된다. 가능한 수익에 대한 쌍방적 계산은 순수하게 사실적이고, 가능한 한 무감정적인 태도를 요구한다. 이러한 관점의 변화와 동시에 주체는 상황과 관련된 모든 요소들을 "물화하며" 지각하게 되는데, 교환되어야 할 대상들, 교환 상대자 그리고 마침내는 자신의 인성적 잠재력까지 양적으로 가치증식될 수 있는 속성이란 측면에서만 인식할 수 있기 때문이다. 이러한 태도가 그에 상응하는 사회화 과정에 힘입어 상습적인 습관이 되면, 그래서 그것이 개인의 행동을 일상생활의 모든 영역에서 규정하게 되면, 그러한 태도는 "제 2의 자연"이 된다. 이러한 조건에서 주체는 자신의 환경세계를, 직접 교환과정에 관여하고 있지 않을 때조차도, 한낱 물건으로 주어진 것이란 본(本)에 맞춰 지각한다. 그러므로 루카치에게 "물화"란, 단지 관찰하는 행동이란 습관 혹은 습성을 의미한다. 이러한 관찰하는 관점에서는 자연환경, 사회세계 그리고 자신의 인성적 잠재력은 단지 초연하게 그리고 물건 같은 것으로 파악될 뿐이다.

이러한 간략한 재구성을 통해 비록 간접적이긴 하지만 "물화"에서 루카치에게 어떤 종류의 잘못이나 실패가 문제될 수 없는지가 벌써 정해진다. 이미 우리가 본 것처럼 그러한 왜곡하는 관점은 한낱 인지적 범주착오가 아니다. 그런데 이는 물화에서 문제가 되는 것이 다층적이고 항구화된 태도들의 증후군이라는 사실 때문만이 아니다. 그뿐 아니라 이러한 태도변화가, 그것이 인지적 실수처럼 그에 상응하는 교정을 통해 간단하게 해소되기에는 우리의 습관과 행동방식에 너무 깊이 파고들어 있기 때문이다. 물화는 우리의 관점을 왜곡시키는 "자세"(루카치 1992: 161)나 행동방식을 형성하는데, 이러한 "자세"는 인간의 "제 2의 자연"이라고 불릴 만큼 자본주의 사회 안에 널리 퍼져있다. 이로부터 연유하는 다른 측면으로서 루카치에 따르면 "물화"는 일종의 도덕적으로 그릇된 행동, 그러니까 도덕원칙에 대한 위반으로 개념화되어서는 안 된다. 왜냐하면 여기서 도덕적 어휘를 사용하기 위해서는 꼭 필요한 것일 수 있는 주체의 의도가, 그러한 왜곡하는 자세에는 빠져있기 때문이다. 마사 누쓰바움과 달리 루카치는, 어느 정도를 넘어서면서부터 다른 사람을 물화하는 것이 도덕적으로 경멸될 만한 행동이 되는가 하는 물음에 관심이 없다(Nussbaum 2002: 148~9). 루카치에 따르면 자본주의 사회의 모든 구성원들은 물화하는 행동체계에 이미 같은 방식으로 사회화되어 있어서, 타인을 도구적으로 취급한다는 것은 우선은 단지 사회적 사실일 뿐이지 도덕적 부당함을 나타내는 것이 아니다.

이러한 경계구분을 통해 우리는 루카치가 자신의 분석의 열쇠개념들을 가지고 의미하고자 했던 것의 윤곽이 드러나는 지점에 도달하게 되었다. 즉, 물화에서 단순한 인지적 범주착오나 도덕적으로 잘못된 행동이 문제가 아니라면, 결국 남는 것은 물화를 전체적으로 그릇된 실천의 형식으로 상정하는 것뿐이다. 루카치가 물화로 개념화하고자 시도했던 초연하고 관찰적인 행동은, 인간 실천의 보다 진정한 혹은 보다 나은 형식에 어긋나는 습관과 태도들의 앙상블을 이룬다. 그런데 이러한 정식화는 벌써 물화 개념에 대한 이러한 파악 또한 규범적 함축으로부터 자유롭지 않다는 것을 분명하게 드러낸다. 이제 우리는 도덕원칙의 훼손이라는 간단한 경우와는 더 이상 상관이 없지만, 왜곡된 혹은 위축된 형식에 맞서 "참된" 혹은 "진정한" 실천을 보여주어야만 한다는 훨씬 어려운 과제와 마주하게 되었다. 루카치 자신이 물화 분석에서 의지하고 있는 규범적 원칙들은, 도덕적으로 정당화된 원칙들의 합계에서가 아니라 올바르고 인간적인 실천의 개념에서 찾아질 수 있다. 그리고 이런 종류의 개념은 자신의 정당화를 위해서, 전통적으로 도덕철학 혹은 윤리학으로 불리는 영역에서 말해지는 것보다는 사회존재론 혹은 철학적 인간학에서 말해지는 것에 훨씬 더 강하게 의지할 수 있다. [3]

그런데 루카치가 이러한 규범적 과제에 관해 명확하게 의식하지 못하고 있었던 것은 아니다. 비록 그가 헤겔과 더불어 "추상적 당위"라는 생각에 아주 강하게 반대하는 성향을 갖고 있긴 했지만, 물화하는 실천 혹은 "자세"에 관한 자신의 진술이 참된 인간적 실천이란 개념을 통한 정당화를 필요로 하고 있다는 것을 그는 아주 정확하게 알고 있었다. 그래서 그의 텍스트 여러 곳에 물화의 강제에 물들지 않은, 인간의 세계에 대한 실천적 관계가 어떤 모습일지를 보여주는 암시가 산재해 있다. 예를 들어 활동적 주체에 관해서는 그것이 "함께 체험하고"(루카치 1992: 170) "협력하는" 주체로, "유기적 통일체"로(173쪽) 이해되어야 한다고 하는 반면, 대상에 관해서는 그것들이 참여하는 주체에 의해 "질적인 독특성"으로(207쪽) 혹은 "질적인 본질성"으로(212쪽), 내용적으로 규정된 것으로 경험될 수 있다고 주장한다. 그러나 이런 인간학적으로 상당히 그럴듯한 구절들에 기이한 대조를 이루는 루카치의 발언들이 있는데, 거기서 그는 인간의 "참된" 실천의 상(像)을 헤겔과 피히테(Johann G. Fichte)에 의지하여 요약해 보고자 한다. 이러한 발언에 따르자면 객체가 주체의 산물로 생각될 수 있고 그리하여 정신과 세계가 마침내 서로 일치하는 경우에만, 우리는 왜곡되지 않은 활동에 관해서 말할 수 있다

---

3 이와 관련된 어려움에 관해서는 Honneth 2000a를 참조. 특히 54쪽 이하.

(루카치 1992: 203, 223). "활동"(*Tätigkeit*) 개념이 자주 등장하는 이러한 구절에서 보이듯이 루카치는 물화 비판에서 결정적으로 동일성 철학의 "활동" 개념에 의해 인도되고 있다. 피히테가 정신의 자발적 능동성(*Aktivität*)이란 생각을 통해 "활동" 개념을 제공했듯이 말이다(Neuhouser 1990).[4] 루카치가 "물화" 비판을 이런 식으로 기초 놓음으로써 그것을 사회이론적으로 정당화할 수 있는 모든 가능성을 박탈했다는 것은 오늘날 더 이상 의심의 여지가 없을 것이다(하버마스 2006a: 528쪽 이하). 그러나 이러한 관념론적 공식 버전 아래에는 또 훨씬 온건하게 들리는 구절들이 루카치의 텍스트에서 발견되는데, 그런 구절들에 따르자면 진정하고 "참된" 실천은 참여와 관심이라는, 상품교환의 확장을 통해 파괴되어버린 바로 그러한 속성을 지닌다. 그러니까 여기서 물화라는 실천에 대조를 이루는 본보기가 되는 것은, 집단으로 확대된 주체에 의한 객체의 산출이 아니라, 주체의 다른 태도, 즉 상호주관적 태도이다. 루카치의 텍스트에 남아있는 바로 이러한 흔적이 이 연구에서 내가 이제부터 주로 다루고자 하는 것이다. 그러니까 내가 다루고 싶은 물음은 다음과 같다. "물화" 개념이 인간이 자신과 자신의 환경세계에 대해 공감(共感)하는 (*anteilnehmend*) 관계를 맺는 본래적 실천의 위축과 왜곡을 의미

---

4 피히테의 자기 산출적 능동성이라는 생각에 루카치가 의존하고 있다는 사실에 대해서는 Micheael Löwy 1979: 2장을 참조. 1979: 2장을 참조.

하도록, 그 개념을 오늘날 다시 현실화하는 것이 실제로 의미 있는 시도이겠는가?

그런데 이러한 재활성화를 방해하는 장애들이 줄줄이 있다. 이러한 장애들은 내가 아직 주제화하지 않은 루카치 논문 속의 문제들과 관련되어 있다. 루카치의 접근방식에서 의문스러운 것은 물화 비판의 규범적 방향설정을 위해 관념론적 방식으로 모든 객체가 주체의 유적 활동으로부터 산출되도록 실천 개념을 사용하는 "공식적" 전략만이 아니다. 상품교환의 팽창이 점차 현대 사회의 전 생활영역으로 침투하는 행태 변화의 원인이라는 사회이론적 주장 또한 적어도 앞의 실천 개념만큼 문제가 많다. 이러한 주장에는 경제적 교환과정에의 참여가 개인들의 자기 및 세계이해를 지속적으로 변화시키고 혼란에 빠뜨릴 만큼 개인들에게 결정적인 의미를 갖는다는 맑스주의적 전제가 해명되지 않은 채로 남아있다. 나아가 같은 맥락에서 고도로 분화된 사회에서는 효율성 이유에서 사회의 구성원들이 자기 자신 및 타인과 전략적으로 관계맺기를 익히는 것이 필요하다는 사실을 루카치가 너무 과소평가하고 있는 것은 아닌가 하는 의문이 제기된다. 만약 그렇다면 물화 비판은 루카치가 하는 것처럼 처음부터 총체화하는 것이어서는 안 될 것이다. 그것은 물화하는, 관찰적이고 초연한 행동이 완전히 정당한 자리를 차지하는 사회영역을 구분해야 할 것이다.[5] 이러한 모든 불분명함과 문제들을 앞으로 하나하나 체계적으로 다루고자 하는 것이 나의 의도는 아니다. 그보다 내가 바라는 것은 루카치의 물화 개념을 행위이론적으로 재정식화하여 하나의 관점을 획득하는 것이다. 앞의 해명되지 않은 문제들이 그것의 극적 성격을 잃어버리고 그 대신 깨우침의 계기를 제공해 주는 그런 관점 말이다.

---

5 《의사소통행위이론》에서 물화 비판을 하버마스가 다시 수용하면서 취하는 전략이 바로 이것이다. 하버마스 2006b, 제6장과 제8장 참조.

# 2 루카치에서 하이데거와 듀이로

이미 본 것처럼 루카치는 물화 비판을 전개하면서, "참"되고 왜곡되지 않은 인간 실천의 형식을 해명하기 위해서 암묵적으로 두 개의 상반되는 대안 전략을 제시한다. 하나는 "공식" 버전으로서 루카치는 "제 2의 자연"이 되어가는 물화적 실천을 비판하기 위해서, 그것을 포괄적 실천이란 이상(理想)에 재어보는 것 같다. 모든 실재가 결국에는 유(類)의 노동활동을 통해 산출되는 실천 말이다. 첫 번째 모델이 관념론적 가정에 기반하고 있다는 것은 둘째 치고라도 이 모델은 모든 종류의 객체, 즉 주체에 의해 산출되지 않은 것(Nicht-Erzeugtes)의 존재를 물화의 경우로 여기기 때문에 또한 실패할 수밖에 없다. 그런데 루카치가 ― 다 합쳐서 "물화"라고 부르는 ― 실천과 태도들의 축소된 양상, 즉 한낱 "관찰하는" 양상에 관해서 자기가 말한 것을 스스로 보다 진지하게 여기는 것은 두 번째 대안에서다. 이 "비공식적" 버전을 지지하는 증거들이 텍스트에서 충분히 찾아질 수 있는데, 이 버전에서 루카치는 물화하는 자세의 결함을, 적극적 참여와 실존적 개입을 특징으로 하는 실천의 이상에 비추어 재고 있다. 여기서는 관념론적 잡음이 하나도 없다. 여기서 문제되는 것은 세계를 산출하는 활동이기보다는 상호작용의 특별한 형식이기 때문이다. 우리가 이런 식의 고찰 안에 담겨 있는 손짓을 따라가다 보면, 우리는 루카치의 책이 나온 직후 존 듀이(John Dewey)와 마틴 하이데거(Martin Heidegger)에 의해서 각각 발전된 아이디어와의 놀랄만한 유사성을 발견하게 된다(Heidegger 1998〔1927〕; Dewey 1926; 1930). 시간적 지평을 현재로까지 확장한다면 스탠리 카벨(Stanley Carvell) 또한 사유과정이 루카치의 물화 비판 두 번째 버전과 비슷한 저자들의 계열에 올려질 수 있을 것이다(Carvell 1976).[1] 나는 우선 루카치와 하이데거 사이의 수렴점에 집중할 것인데, 공감(共感, Anteilnahme)하는 실천이라는 아직 암시되기만 한 개념을 좀 더 조명하기 위해서이다.

과거에 이미 루카치의 앞의 논문과 하이데거의 《존재와 시

---

1 카벨에 대해서는 제3장에서 보다 자세히 다루겠다.

간》사이에 여러 측면에서 공통점이 발견될 수 있다는 사실이 자주 지적되었다. [2] 이러한 정신적 "친화성"은 우리가 《존재와 시간》만이 아니라 하이데거의 1924년 아리스토텔레스 강의까지 끌어들이면 더욱 두드러진다(Heidegger 2002〔1924〕). 두 저자 사이의 첫 번째 공통점을 적절하게 알아채기 위해서는 우선 루카치가 자신의 논문을 통해 단지 자본주의 경제양식의 물화하는 효과를 비판하는 것, 그 이상을 추구하고 있다는 사실이 지적될 필요가 있다. 루카치에게는 물화 비판만큼이나 철학사적 증명도 중요했다. 근대철학이 항상 반복하여 해결될 수 없는 이율배반 문제에 부딪힐 수밖에 없었던 것은, 물화된 일상문화에 뿌리를 두고 있음으로 인해 주체와 객체의 대립이란 도식에 사로잡혀 있었기 때문이라는 증명 말이다(루카치 1992: 186~237). 근대철학을 그것이 주체-객체 이분법에 고착되어 있다는 점에 착안하여 비판하려는 똑같은 계획이 하이데거의 철학적 기획에서도 출발점을 이루고 있다. 루카치와 마찬가지로 《존재와 시간》의 저자 또한 다음과 같이 확신하고 있다. 인간 현존재의 구조에 대한 적절한 대답을 방해해온 존재론적 "눈멂"(Verblendung/blindness)이, 실재

---

2 무엇보다 골드만 1990을 참조. 골드만은 하이데거가 분명하게 "물화"에 대해서 말하고 있는, 그러면서 (직접 언급하지는 않지만) 루카치의 유명한 텍스트를 염두에 두고 있었을 《존재와 시간》의 두 구절(70쪽과 615쪽)도 다루고 있다. 골드만의 책 129쪽 이하를 참조.

에 대한 중립적 파악을 우선시하는 생각 때문이라고. 물론 하이데거는, 주체-객체 도식의 철학적 특권화를 한 발 더 나아가 자본주의 사회의 물화된 삶의 형식에로 소급시키고자 하는 루카치의 의도는 공유하지 않는다. 자신이 비판하는 존재론적 전통의 사회적 뿌리에 관해 질문해 보려는 가장 조용한 시도조차 한번도 해 보지 않았을 만큼, 사회이론적 고려는 하이데거에게 항상 워낙 낯선 것으로 남아있었다. 그러나 인식하는 주체가 세계를 중립적으로 마주하고 있다는 지배적인 표상을 전복하거나 "해체"하고자 하는 의도에서 두 저자는 근본적으로 일치하고 있다. 그리하여 그들은 모두 대안적 견해를 제시해야 했다.

잘 알려진 것처럼 하이데거는 실존론적(existenzial)이고 현상학적 분석에 힘입어 이 과제로부터 벗어난다. 이 분석에 따르면 현존재의 일상적 활동에서 세계는 항상 이미 개시되어(erschlossen) 있다. 우리는 보통 인식하는 주체의 자세에서 실재를 마주하고 있지 않다. 그보다 우리는 항상 이미 이 실재를 어떻게 처리할 것인가 골몰하고 있고, 그래서 실재는 우리에게 실천적 의미의 장으로 나타난다. 하이데거가 이러한 실천적 세계 관련성의 구조를 특징짓기 위해서 사용하는 개념이 바로 "마음씀"(Sorge)이다(하이데거 : 85쪽과 41절; Heidegger 2002: 55쪽 이하). 이로써 한낱 방관하는 행태에 대비되는 확장된 실천 개념을 획득하고자 할 때 루카치가 행한 고찰과 하이데거의 사유 사이에 다리가 놓인다. 하이데거에게 "마음씀" 개념이 그런 것처럼, 루카치에게는 공감하는 실천이란 아이디어가 지배적인 주체-객체 도식에의 고착을 근본적으로 부정할 수 있는 열쇠를 제공하는 것 같다. 이러한 종류의 행위형식을 전제하면 주체는 더 이상 인식되어야 할 실재에 중립적으로 마주 서 있지 않을 것이다. 주체는 항상 이미 질적인 의미로 개시되는 세계와 실존적(existen-tiell) 관심 속에서 관계를 맺고 있을 것이다. 두 저자 사이의 이러한 두 번째 공통점에 주목하지만, 그러나 루카치가 여기서 하이데거와는 명백히 아주 다른 방식으로 진행해 나간다는 것을 고려해야겠다. 《존재와 시간》의 저자는 전통 존재론의 정신주의적(mentalistisch) 언어가 일상적 현존재의 마음씀이란 사실적 특성에 대한 우리의 눈길을 단지 왜곡한다는 것을 보여주고자 하는 반면, 루카치는 명백하게 완전히 다른 전제에서 출발한다. 자본주의에서 심화·확장되고 있는 물화가 공감하는 실천의 모든 기회를 이미 파괴했다는 것이다. 그래서 루카치는 자신의 작업을 항상 이미 주어져 있는 인간들의 현존재 방식을 노출시키는 것이 아니라, 미래에 언젠가 가능할 현존재 방식의 조감도를 그리는 것으로 이해한다. 이러한 방법적 차이로부터 전통 존재론의 문제에 대한 시각차가 생겨났을 것이다. 내가 바르게 이해하고 있다면 위의 방법적 차이로 인해 하이데거와 달리 루카치는 전통 존재론의 지배를 사실적 실제(實際)에 기대어 전복시킬 수 없다. 그에게 남은 선택은 오히려 전통 존재론에서 — 자본주의 사회양식의 극복 이후에나 비로소 실제로 지양될 수 있을 — 물화된 관계의 표현을 적절하게 알아채는 것이다.

문제가 이렇게 복잡해지면서 루카치의 텍스트가 갖고 있는 가장 어려운 문제들 중 하나가 언급되었다. 사실 좀 더 자세히 읽어보면 물화과정이 "참"되고 공감하는 실천의 모든 요소를 이미 제거해 버렸다는 것이, 정말로 그의 논증이 향해 달려가고 있는 결론인지가 그렇게 분명하지 않다. 왜냐하면 이와 반대되는 인상을 주는 적지 않은 구절들이, 무엇보다 프롤레타리아트의 의식을 다루는 그의 논문 마지막 장에서 많이 발견되기 때문이다. 여기서 루카치는 피히테에 많이 기대어, 물화된 관계는 노동계급이 자신들이 항상 이미 실제로 해내고 있는 산출성과를 의식하게 될 때에만 지양될 수 있다는 것을 제시하고자 한다. 프롤레타리아트가 가장 멸시받고 가장 객체화된(versachlicht) 현존재로 살아가기 때문에, 변증법적 사유에 따르면 바로 이 때문에 프롤레타리아트 안에서 자발적이고 갑작스런 반전이 일어나 다음과 같은 인식에 도달하게 된다. "사회적 대상은 물건이 아니다. 그것은 사람들 사이의 관계이다."(루카치 1992: 276) 우리가 이런 역사철학적 사변으로부터 다시금 모든 관념론적 허장성세를 제거하여 그것들의 온당한 핵심만을 간추린다면 그것은 다음과 같다. 물화라는 조건 아래에서 실천의 다른 형식, 그러니까 물화되지 않은 형식은 제거돼 버린 것이 아니라 단지 의식으로부터 벗어나 있다. 하이데거와 마찬가지로 루카치에게도 물화된 관계는 단지 잘못된 해석의 틀일 뿐이라고 하겠다. 존재론적 베일일 뿐인 것이다. 그 뒤에 인간의 진정한 현존재 방식의 사실성이 가려있다.

이러한 해석제안을 따르자면 — 루카치의 텍스트에서 다른 그럴듯한 대안적 해석을 찾기란 거의 어렵다 — 두 사상가는 그들 각자의 실천 개념을 자리매김하는 데 있어 실제로 매우 일치한다. 루카치가 참여적 실천이란 암시를 통해 의미하고자 한 것은, 하이데거의 개념 "마음씀"과 마찬가지로, 인간 생활방식의 구조를 특징짓는 실천적 태도이다. 인간은 우선적으로 항상 실재를 인식을 통해 중립적으로 파악하고자 골몰하고 있다는, "제2의 자연"이 되어버린 지배적인 표상에 반하여, 인간은 실제로는 세계가 의미로 가득 찬 것으로 개시되는 실존적 공감, 즉 "염려"(Besorgtheit)의 양상 속에서 현존하고 있기 때문이다. 인간 실천의 이러한 기본적 특성은, 루카치가 상품교환의 팽창을 통해 물화에 거의 희생되었다고 상정하는 그러한 사회관계에서조차 아직 그 싹이라도 남아 있어야 한다. 그렇지 않다면 물화된 사회관계를 관통하는 실천적 공감의 사실성을 드러내기 위해서 그를 〔선취(Antizipation) 하거나 기억하는 것이 아니라〕 단지 의식하는 행위만이 필요하다고, 루카치가 그렇게 주장할 수는 없었을 것이다. 이런 한에서 그릇된, 존재론적으로 눈멀어 있는 현재에도 — 염려와 실존적 관심을 특징으로 하는 — 인간 삶의 형식의 기본구조가 항상 이미 함께하고 있을 수밖에 없다는 믿음을 두 사상가는 공유하고 있다.

이러한 공통점의 당연한 귀결로 루카치와 하이데거는 결정적인 세 번째 점에서도 일치할 수밖에 없다. 지금까지의 나의 재구성에 따르자면 루카치에게 "물화"는 한낱 범주착오도 도덕규칙 위반도 아니다. 그것은 그릇된 "자세"나 습관, 그러니까 습관화된 잘못된 실천의 형식을 가리킨다. 그러나 이러한 재구성은 이제 완전히 맞는 것일 수 없다. 물건들의 관계처럼 객체화된 관계라는 표상이 단지 해석의 베일처럼 우리가 실제로 염려와 공감을 행하고 있다는 사실을 감추고 있을 뿐이라는 데 두 저자가 동의한다면 말이다. 다시 말해서 이러한 가정을 한다면 루카치 역시 물화는 습관화된 그릇된 실천의 형식이 아니라, 흔적으로나마 항상 주어져 있는 "올바른" 실천에 관한 잘못된 해석의 습관이라고 상정해야만 한다. 그렇다면 사회적 관계가 "물화"되었다고 말하는 것은, 그러한 조건 밑에서 살고 있는 행위자들이 자신들이 실제로는 항상 이미 행하고 있는 실천에 대해 잘못 이해하고 있다고 가정하는 것을 의미할 것이다. 동시에 이런 잘못된 해석이 주체들의 일상생활에 아무 영향이 없을 것이라고 생각할 수도 없다. 왜냐하면 루카치는 하이데거와 마찬가지로, 주체-객체 분열도식의 지배, "전재성"(前在性, Vorhandenheit) [3] 이란 존재론적 도식의 헤게모니가 우리의 삶과 실천에 비록 파괴적이지는 않더라도 부정적인 영향을 끼친다고 주장할 것이기 때문이다. 우리가 이렇게 추가적인 추론을 해본다면 두 사상가는 대략 다음의 내용을 갖는 테제를 내세울 수밖에 없다. 자기 자신 및 환경세계에 대한 관계를, 주어져 있는 물건에 대한 중립적 파악이라는 본보기에 맞춰 떠올리는, 제2의 자연이 되어버린 습관은 지속적으로 인간의 행동과 실천에 다른, 그러니까 물화된 형상을 부여한다. 물론 그렇다고 인간 실천의 마음씀이라는 근본적 성격이 언젠가 완전히 사라져 버릴 수 있는 것은 아니다. 오히려 전(前) 반성적 지식의 형식 혹은 기초적이고 잔여적인 행위의 형식 속에서 이러한 선행하는 속성은 항상 남아있을 수밖에 없어서, 비판적 분석은 주체들로 하여금 항상 다시 그것을 의식하게 할 수 있을 것이다. 이렇게 윤곽이 그려진 테

---

3 하이데거에게서 "전재성"의 도식이 의미하는 바에 관해서는 하이데거 1998: 82~4쪽 참조. "용재성"(用在性, Zuhandenheit)과 "전재성"의 대조에 관해서는 드레퓌스의 설명이 유익하다(Hubert L. Dreyfus 1991: 4장).

제를 완성하기 위해 루카치는 단 한 문장만 덧붙이면 된다. 물화하는 사고습관을 유발하는 것은 그릇된 존재론의 헤게모니라기보다는 상품교환의 사회적 일반화이다. 사회적 실천이 점점 더 무관심하고 초연한 행위 쪽으로 형태가 바뀌는 것은, 한낱 계산적이기만 한 교환과정에의 참여가 주제의 해석습관에 행사하는 강제력 때문이다.

이러한 중간결과와 더불어 이제 우리는 다음의 물음을 다룰 차례가 되었다. 하이데거의 "마음씀"이란 개념이 루카치가 물화 비판의 초석으로 삼은 실천에 대한 상(像)을 해명하는 데 실제로 도움이 될 수 있는가? 그럴 수 있으리라는 추정은 우리가 루카치의 물화이론에 대한 두 번째 해석 대안을 고려할 때 떠올랐다. 루카치가 거기서, 물화되고 단지 관찰하는 행동에서는 결핍된 것으로 보이는 바로 그러한 특성들을 통해 본래적 실천의 특징적 구조를 포착해내려 하기 때문이다. 그로부터 이제 인간은 원래 자신의 환경세계에 대해 항상 공감하며 관심 두고 살 수밖에 없다는 것이 귀결된다. 그리고 이것이 바로 하이데거가 "마음씀" 개념을 통해 겨냥하였던 것이다. 첫눈에 보기에 이것은 오늘날 한낱 관찰자관점에 대비하여 "참여자관점"이라고 불리는 것이 의미하는 것과 별반 다를 것 없어 보인다. 인간 주체들은 보통 상대방의 바람과 태도와 생각들을 자기 행위의 근거로 이해하기를 배우면서, 그렇게 하여 자신을 상대방의 관점에

세워보면서 사회적 삶에 참여한다. 만약 이러한 상대 관점 취하기가 성취되지 않고 그래서 타자에게 단지 관찰하기만 하는 자세를 취한다면 사람들의 상호작용을 묶어주던 이성적 끈이 끊어진다. 상호작용이 더 이상 상대의 근거를 서로 이해하는 방식으로 매개되지 않기 때문이다.[4] 이른바 참여자관점을 특징짓는 두 요소는 상대 관점 취하기와 그로부터 귀결되는 행위 이해이다. 여기서 제기되는 물음은 당연히, 이를 통해 하이데거가 "마음씀" 개념을 가지고, 루카치가 "공감하는" 실천이란 아이디어를 가지고 우선적으로 겨냥했던 측면들이 적시되는가 하는 것이다. 다시 말해서 인간의 삶과 실천에서 참여자관점이 한낱 관찰자관점에 대해 항상 필수적인 우선권을 갖고 있다는 테제는, 주체-객체 도식의 우세를 비판하도록 두 사상가를 묶어주던 직관을 제대로 번역한 것인가? 이 물음에 벌써 부정적인 답을 주는 것은, 우선 하이데거가 그리고 루카치도 자신들 각자의 실천 개념을 단지 동료 인간들과의 교류만이 아니라 그 나머지 환경세계와의 교류까지도 포괄하는 것으로 이해하고자 한다는 사실이다. "마음씀" 혹은 "공감"의 태도는 두 철학자의 생각에 따르자면 사람들 사이의 상호작용에 참여하는 다른 주체에게만이 아니라 원칙적으로 인간 실천의 맥락에 속하는 모든 대상에 대

---

4 "참여자 관점"이란 아이디어에 관해서는 Habermas 1984와 Dennett 1987을 참고.

해 취해져야 한다. 아마 하이데거는 여기서 "대상"이란 범주를 사용하는 것조차, 그것이 이미 주체와 객체의 대립이라는 도식에 지나치게 깊이 사로잡혀 있기 때문에, 거부할 것이다.[5] 그런데 단지 외연(外延)만 다른 것이 아니라 내포(內包)도 다른 것 같다. 루카치와 하이데거가 사용하는 개념들은 참여자관점이란 아이디어가 포착하는 것 이상의 것 혹은 그와 다른 어떤 것을 의미하는 것 같다. 왜냐하면 "마음씀"이나 "공감"이란 표현은 상대의 관점을 취하는 행위를 나타내긴 하지만, 거기에다가 상대방의 행위근거를 이해한다는 생각에는 담겨 있지 않은, 정서적 관련성, 나아가 호감을 추가하기 때문이다.[6] 이로써 두 저자의 직관을, 오늘날 "의사소통적" 혹은 "지향적"(intentional) 태도라는 개념들을 통해 정식화되는 근본적 고찰들로부터 분리시키는, 입김처럼 얇은 그러나 결정적인 경계선이 그어졌다. "의사소통적" 혹은 "지향적" 태도란 개념은 인간 존재는 서로를 상호적으로 2인칭의 역할에서 지각함으로써 서로 의사소통한다는 정황을 부각하고자 하는 반면, 루카치와 하이데거는 그러한 상호주관적 태도는 그에 앞서서 항상 적극적 지지(Befürwortung)

---

5 하이데거는 존재론적 차원에서 현존재를 분석할 때 "대상" 개념이나 "물건" 개념을 피한다. 그 대신 "용재자"(*Zuhandenen*)에 대한 보충 범주로 대부분 "도구"(*Zeug*)라는 개념을 사용한다. 하이데거 1998: 162쪽 참조.

6 하이데거의 "마음씀" 개념이 도구적 의미를 넘어서는 내용 요소를 가지고 있다는 것을 드레퓌스도 강조한다(Dreyfus 1991: 14장).

와 실존적 관심이란 — 주체들이 합리적으로 동기부여 되었다는 것을 통해서는 충분히 표현되지 않는 — 계기들에 결부되어 있다는 생각을 강조하고자 한다.

이 테제가 의미하는 바를 보다 정확하게 이해하기 위해서는 이 테제의 기본 아이디어를 그 전 범위에 걸쳐 다시 한 번 분명히 할 필요가 있다. 이것이 주장하는 것은 다름 아니라 사람의 자기 및 세계이해는 발생적으로만 아니라 또한 범주적으로도 우선은 지지하는 태도와 결부되어 있고, 다른 태도, 즉 정서적으로 중립화된 태도는 그로부터 유래한다는 것이다. 이러한 전제를 바탕에 놓으면, 근원적으로 주어진 지지하는 자세를 떠나는 것은 환경세계의 요소들을 그저 물적 실체로, 그러니까 한낱 "전재자"로 경험하는 태도로 귀결될 수밖에 없는데, 이로써 우리를 이끌어왔던 주제와 다시 연결된다. 물화는 이제 그에 상응하여 하나의 사고습관, 그러니까 습관적으로 굳어진 관점을 의미한다. 이러한 관점을 취함으로써 주체는 공감하고 관심 갖는 능력을 잃어버리고, 마찬가지로 그의 환경세계는 질적으로 개시되어있다는 특성을 상실한다. 이러한 개념 설명을 통해 물화 개념이 오늘날에도 사용가능한 것으로 정당화될 수 있는가 하는 물음을 더 좇기 전에, 나는 먼저 앞의 설명의 전제가 되는 테제의 정당화를 추구해야 한다. 마음씀의 태도가 단지 발생적으로만이 아니라 개념적으로도 실재에 대한 중립적 파악에 앞서 우선권을 갖는다는 테제 말이다. 이를 통해 윤곽이 그려진 주장을 나는 다음 장에서 다른 이론 언어를 사용하여 재정식화해 보겠다. 하이데거의 "마음씀" 개념을 헤겔로부터 유래하는 "인정(認定)" 범주를 통해 조심스럽게 대체하면서 말이다. 이러한 길을 통해 나는 인간의 자기관계 및 세계관계에서 지지하고 인정하는 자세가 발생적으로도 또한 범주적으로도, 다른 모든 태도들에 선행한다는 테제를 정당화하는 것이 가능하다고 생각한다. 내가 이것을 보여준 후에야 비로소 나는 우리를 이끌고 있는, 오늘날 우리가 루카치의 "물화" 개념을 의미있게 다시 수용할 수 있는가 하는 물음으로 되돌아갈 수 있다. 나는 우선 존 듀이의 사유를 "인정" 범주로 넘어가는 다리로 사용하고자 한다. 듀이는 루카치와 하이데거의 숙고를 다시 한 번 다른 방식으로 표현하였다.

《역사와 계급의식》의 출간 직후 발표된 매혹적인 두 편의 논문에서 (Dewey 1926; 1930) 존 듀이는 자신의 이론적 어휘를 사용하여 인간이 세계와 맺는 본래적 관계에 대한 생각을 스케치하고 있는데, 놀랍게도 이것들이 루카치 및 하이데거의 견해와 여러 점에서 닮아있다. 듀이의 숙고들이 달려가는 지점은, 실재에 대한 모든 합리적 이해는 그에 앞서는 경험의 전체론적

〈holistisch〉형식에 결부되어 있다는 주장이다. 경험이 전체적으로 이루어질 때 한 상황에 주어져 있는 모든 것은 관심과 공감의 관점으로부터 질적으로 개시된다. 우리가 이러한 사유의 전개 과정을 계속 충분히 좇아간다면, "마음씀" 개념으로부터 "인정" 개념으로의 이행이 정당화될 수 있을 뿐만 아니라 그러한 인정이 세계에 대한 한낱 인지적 태도에 앞서 우선권을 갖는다는 것이 증명될 수 있다.

루카치나 하이데거와 마찬가지로, 세계에 대한 우리의 우선적 관계는 인식되어야 할 객체와의 중립적인 대면이라는 전통적 견해에 대해 듀이 또한 무척 회의적이다. 이러한 기본입장의 특징을 나타내기 위해 듀이가 "물화" 개념을 사용하지는 않지만, 그에게는 하이데거의 세계관적 열정이 낯설지만, 그러나 사태만 놓고 보면, 주체-객체 모델의 우세가 사회의 자기 이해에 영향을 미치지 않을 수 없다고 생각한다는 점에서, 그는 위의 두 사상가와 일치한다. 우리가 계속해서 주체와 객체의 대립이라는 전통적 사고에 붙들려 있으면 있을수록 우리의 사회적 삶과 실천은 많이 훼손된다. 인식과 감정, 이론과 실천, 학문과 예술이 점점 더 멀리 서로로부터 찢어져 나가기 때문이다(Dewey 1296: 104). 그런데 듀이가 "인식"의 "관객 모델"〈spectator model〉에 대한 자신의 비판을 정당화하기 위해서 제시하는 근거들은 루카치와 하이데거의 그것보다 훨씬 직접적이고 간결하다. 문화비판적 장광설 없이 그는 언어이론과 인식론적 근거들을 동원하여, 모든 합리적 인식의 처음에는, 우리가 실천적으로 다루어야 할 환경세계에 대한 감성적으로 풍부한 경험이 서 있다는 것을 보여주고자 한다. 모든 존재 명제는 "상황"에 인지적 뿌리를 두고 있는데(Dewey 1930: 245~6), "상황"이란 그 내적 복잡성에도 불구하고 '행위주체에게는' 단일한 질(質)에 의해 전반적으로 지배되고 특징지어진다. 이렇게 듀이의 설명은 시작된다. 다른 사람과 상호작용할 때이든 물적 개체를 다룰 때이든 상관없이, 상황 속에 주어져 있는 것들은 우선은 특정한 경험의 질에 비추어 떠오르는데 여기서는 아직 정서적·인지적·의지적 요소들이 구별되지 않는다. 왜냐하면 그런 순간에 우리가 체험하는 것, 그러니까 그런 상황의 "분위기"(Stimmung)(하이데거)를 이루는 것이 우리의 자기 및 세계 관계를 포괄적으로 압도하여, 그 상황의 특정한 측면을 분리·부각시키는 것이 순간적으로 불가능하다. 듀이에 따르면 우리의 모든 체험이 갖는 이러한 근원적 질에서, 행위하는 존재로서 우리가 우선은 실존적 직접성과 실천적 관여(practical involvement)를 통해 세계와 관련되어 있다는 사실이 분명하게 표현된다. 다른 곳에서 이와 똑같은 사실을 나타내기 위해서 듀이는 "상호작용"이란 개념을 사용하는데(Dewey 1958: 5장), 이 개념은 여기서 중요한 것이 자기관련적, 자기중심적 태도가 아니라, 가능한 한 마찰 없고 조화로운 교류에 대한 관심에서 나오는, 상황 속의 모든 요소에 대한 염려(Bekümmertsein)라는 것을 분명히 해준다. 이 세계는 우리 자신에 대한 마음씀 속에서 개시되는 것이 아니고, 오히려 우리가 상황을 체험하는 것은 환경세계와의 물 흐르는 듯한 상호작용을 보전하고자 하는 마음씀에서라는 것이다. 나는 세계 관련성의 이러한 근원적인 형식을 앞으로 "인정"이라고 부르겠다. 이를 통해 여기서는 잠정적으로, 우리가 행위할 때 일단은 감성적으로 중립화된 인식의 자세에서가 아니라, 지지하고 염려하는 실존적으로 채색된 태도에서 세계와 관계맺는다는 사실을 강조하고자 한다. 우리를 둘러싸고 있는 세계의 요소들에 대해서 우리는 우선 항상 고유가치를 부여하는데 이것이 우리로 하여금 그것들과의 관계를 염려하게 만든다. 이런 한에서 "인정" 개념은 이런 기초적 수준에서 듀이의 "실천적 관여"뿐만 아니라 하이데거의 "마음씀", 루카치의 "공감"과도 기본생각을 공유하고 있다. 세계가 가치로 가득 차 있다는(Werthaftigkeit) 경험을 자양분으로 하는, 세계에 대한 실존적 관심의 우선성이라는 생각 말이다.[7] 그러므로 인정하는 자세는 다른 사람이나 물건이 우리 현존재의 생활에 대해 갖고 있는 질적인 의미에 대한 적절한 가치

---

7 이러한 해석에 따르면 하이데거의 "마음씀"은 에른스트 투겐트하트의 해석(Ernst Tugendhat 2001)과 달리, 그것이 객체의 내적 주장을 고려한다는 점에서 항상 탈중심화의 계기를 품고 있다.

평가의 표현이다.

　　그런데 듀이는 설명을 계속하면서, 체험된 상황을 합리적으로 그것의 구성요소들로 구분하는 것은, 거리두기를 통하여 우리가 그 상황의 질적 통일성으로부터 우리를 분리한 후에만 가능하다는 것을 보여주고 싶어한다. 구성요소들을 분석적으로 구분하는 것은 행위 상황에서 생겨나는 문제를 지적으로 처리하기 위해서 필요한 것인데, 이것은 우선은 특유한 분위기 속에서 구분 없이 조화롭게 경험한 요소들을 차후에 서로 분리하려는 반성적 시도로부터 생기는 것이다. 상황을 2차적으로 "가공"할 때 정서적 요소들과 인지적 요소들이 찢어지면서 인식대상이 증류되어 나오고, 행위하는 개인은 감성적으로 중립화되어 주체로서 이 대상에 마주 설 수 있다. 전에는 직접적 경험에 완전히 몰두되어 있던 모든 주의력이, 이제는 인식의 에너지로서 문제의 지적 처리에 집중되면서, 그 문제만 부각되고 그 밖의 모든 상황요소들은 배경으로 전락한다. 그러나 질적 경험의 근원적 내용이 이런 추상화하는 인지과정 속에서 사라져 버려서는 안 된다. 그렇게 되면 한낱 여기 존재하고 있는 객체, 즉 "주어져 있는 것"(Dewey 1930: 253)이란 유해한 허구가 생겨나기 때문이다. 다시 말해서 어떤 종류의 분위기에서 우리의 반성적 노력이 시작되었는지를 잊어버리자마자 우리가 도대체 무엇을 위해 이 반성을 시작했는지가 시야에서 사라져 버린다. 우리의 모든 사고작용의 목적을 시야에서 놓치지 않기 위해서는, 질적 체험 속에 있는 사고작용의 근원이 항상 배경으로서 의식된 채 남아있어야 한다.

듀이는 이러한 요구를 술사화(述詞化, *predication*)*의 간단한 경우를 예로 삼아 분명하게 한다. 그에 따르면 술사화는 우리가 인식 대상을 고정시키려고 시도할 때 행하는 언어적 추상화의 예이다. 주어-서술어 형태를 띠는 임의의 진술 하나를 생각해 보자. 이 진술의 언어적 형태는, 여기 주어져 있는 하나의 실체에 하나의 속성이 단지 부여되는 것 아닌가 하는 추정을 가능하게 한다. 그런데 우리가 이것을 술사화된 형태 그대로 두면 겉보기에 독립적인 이 실체에 이 속성이 진정 어떤 관계를 맺고 있는지 이해하기 어렵다. 우리가 회상을 통해, 저 서술적 진술이 처음의 질적인 경험을 추상화하려는 시도에서 비롯되었다는 것을 깨달을 때 비로소 이 수수께끼가 풀린다. 그러니까 비로소 주어와 서술어가 서로를 "상관적"(*korrelativ*)으로 보충하고 있다는 것이 분명해진다. 왜냐하면 주어와 서술어는 본래 질적으로 체험

---

* 듀이가 이런 언어적 설명을 할 때 염두에 두고 있는 언어는 당연히 영어, 넓게 보아도 서양 언어이다. 어쨌건 여기서 술사화란 대부분 be동사와 결합하여 형용사를 보어로 사용하는 것이다. 예를 들어 'This dog is old'라는 문장에서 'old'라는 형용사는 서술적으로 보어로 쓰이고 있다.

된 관여의 운동방향을 가리키고 있기 때문이다(Dewey 1930: 253). 의심의 여지없이 하이데거의 "용재성"과 "전재성"의 구분을 상기시키는 방식으로, 듀이는 자신의 논지를 다시 한 번 술사화된 "모든 사람은 죽기 마련이다"(*Man is mortal*)란 진술을 예로 들어 설명한다. 우리가 이것을 본래 형태, 즉 자동사를 가진 문장 "사람이 죽는다"(*men die*)의 형태로 바꿔놓는 바로 그 순간 이 진술은 비로소 단순히 속성을 부여하는 암시적 성격을 상실한다. 이 자동사 문장은 그러한 언어적 추상화 과정의 출발점에 있던 "인간의 운명"에 대한 "마음씀"을 분명하게 표현하고 있다(Dewey 1930: 253).

인간을 술사(述詞, *predicate*)를 통해 규정하는 모든 진술들이, 이러한 본보기에 따라서 해독될 수 있다고 듀이가 믿고 있다는 것은 분명하다. 그에 따르면 이러한 술사화는 항상, 우리가 인정이라는 평소의 태도로 사람들을 만날 때 그들에 대해 느끼게 되는 불안, 마음씀, 혹은 희망이 객관적으로 재정식화된 결과일 뿐이다. 이 일상의 태도에서 위의 두 번째 진술문장의 두 구성요소는 아직 "상관적으로" 서로 관계하고 있는데, 왜냐하면 그것들이 말없는 경험의 질을 형성하기 때문이다. 그것들의 합주를 통해서만 우리들의 염려의 방향이 드러난다. 분명하게 윤곽이 그려지고 고정된, "인간"이란 이름을 가진 실체는 어느 곳에도, 우리들이 실존적 공감 속에서 선취하는 질적인 영향으로부터 독립되어 이미 "있지" 않다. 그러한 경험이 일반적 진술문장으로 변형된 후에야, 체험한 사람과 느껴진 영향 사이에 전에는 존재하던 순환적 관계가 찢어진다. 이제 아무런 속성도 갖고 있지 않은 인간이 일단 "있고", 우리가 술사화를 통해 비로소 이것들에게 한정사(限定詞, *Attribut*)로서 속성들을 부여한다는 존재론적 허구가 생겨날 수 있다. 따라서 글자 상으로는 아니지만 사태 상으로는 다시 한 번 하이데거를 연상시키는 표현에서, 듀이는 후에 윈프리드 셀러스(Winfried Sellars)처럼 " '주어져 있는 것'이란 생각의 사기성"에 대해서 말한다. "무규정적으로 주어져 있는 유일한 것은 전반적으로 편재하는 질(質)이다. 이것을 '주어져 있는 것'이라고 부르는 것에 반대하는 이유는, 이 단어가 어떤 것, 그러니까 그것에 정신이든, 사유이든, 의식이든, 무엇이든 간에 무언가가 주어지는 것, 또한 어쩌면 무엇인가를 주는 어떤 것을 암시한다는 것이다. 그러나 이 맥락에서 '주어져 있다'는 것이 실제로 나타내는 것은, 질이 직접적으로 존재한다는 것, 혹은 단적으로 여기 있다는 것뿐이다. 이러한 속성에서 질은 사유의 모든 대상이 관계하는 것, 그것을 형성한다."(Dewey 1930: 253) 이러한 사유를 출발점으로 삼아 이제 나는 인정이 인식에 대해 발생적으로만 아니라 개념적으로도 우선한다는 것을 보여주고 싶다.

# 3 인정의 우선성

나는 지금까지 이론사적 틀 안에서만 움직여 왔는데, 공감하는 행동이 실재에 대한 중립적 파악에 대하여, 인정이 인식에 대하여 선행한다는 테제를 납득시키기 위해 나는 이제 그 틀을 벗어나야 하겠다. 철학적 권위에 기대는 것 없이 실존적 공감이 실제로 우리의 모든 객관화하는 세계관계의 토대를 이루고 있다는 것을 보이기 위해서는 독립적인 증거와 논거들이 필요하다. 이러한 단계를 거친 후에야 비로소 "물화" 개념이, 그것이 루카치의 직관을 인정이론적으로 보존하려 한다면, 어떻게 구성되어야 하는지가 대략 그려질 수 있을 것이다. 내가 세우고 싶어 하는 테제의 대조점으로, 나는 다시 한 번 인간 행동의 특징은 상대의 관점을 취하는 의사소통적 태도에 있다는 테제를 사용하고자 한다. 이 테제에 대조적으로 나는 합리적으로 상대의 관점을 취할 수 있는 능력은 그에 앞서는 실존적 염려라는 특징을 띠는 상호작용에 그 뿌리를 두고 있다고 주장하고 싶다. 이러한 추정을 나는 우선 아이들이 상대 관점 취하기의 능력을 획득할 수 있는 전제조건을 고찰함으로써 발생적 관점에서 강화하고 싶다(1). 그 후에 이와는 비교할 수 없이 어려운 체계적 혹은 범주적 증명이라는 과제를 수행하겠다(2).


## 1. 발생적 증명

발달심리학과 사회화 연구에서는 아이의 사고 및 상호작용 능력의 발생이, 상대 관점 취하기 메커니즘을 통해 수행되는 과정으로 생각되어야 한다는 데 대해 의견이 일치되고 있다. 피아제(Jean Piaget)와 미드(George H. Mead)의 종합(Habermas 1988: 187쪽 이하) 혹은 도널드 데이비슨(Donald Davidson)과 프로이트(Sigmund Freud)의 종합(Cavell 1997)에 기대고 있는 이러한 생각에 따르자면, 아이의 발달과정에서 인지능력의 획득은 초기 의사소통 관계의 형성과 특유하게 얽혀있다. 아이는 2인칭 관점을 통해, 자신의 처음에는 자기중심적이던 관점으로부터 점진적으로 거리두기에 성공함으로써, 지속적 대상들로 이루어진 객관적 세계와 관계맺기를 배운다는 것이다. 갓난아이는 매우 이른 시기부터 자신의 준거인들(*Bezugspersonen*)과 의사소통 관계에 들어서며, 그들의 눈길을 끌고 싶어하고 그들이 의미 있는 대상으로 눈길을 돌리도록 요구하기 시작한다. 이러한 정황이 위의 이론들로 하여금 유아기를, 유아가 주변세계에 대한 다른 관점의 독립성을 시험하는 실험시기로 해석하도록 하는 지표가 된다. 갓난아이가 2인칭 관점을 취하고 또한 그 관점으로부터 환경세계를 지각하는 데 성공하는 정도에 따라 유아는 교정하는 권위(*Instanz*)를 획득하게 되는데, 이를 통해 유아는 처음으로 대상들에 대한 탈인격화된 객관적 표상을 얻게 된다. 만으로 생후 9개월부터 아이가 이런 삼각관계(*Triangulierung*)*를 맺을 수 있게 된다고 오늘날 일반적으로 보고되고 있다.[1] 그래서 최근 연구에서는 "아홉 달 혁명"이라는 말도 사용되는데, 바로 이 시기에 자신의 준거인들을 ─ 자신과 마찬가지로 주변세계에 대해 목적지향적 태도를 갖고 있고 그런 한에서 그의 태도는 자신의

---

* 피터 홉슨(Peter Hobson)에 따르면 갓난아이는 생후 만 9개월부터 준거인과의 상호작용에서 큰 발전을 보인다. 그 전에는 준거인하고만 혹은 물체하고만 일대일로 상호작용을 하는데, 이제부터는 준거인과 자신 둘 사이 밖의 제 3의 대상을 스스로 가리키며 준거인의 시선을 그쪽으로 유도하며 그 대상을 준거인과 함께 경험하고자 하는 것이다. 이것을 '삼각관계'라고 한다.

[1] 나는 앞으로 주로 다음의 연구에 의지해서 논의를 전개한다. Tomasello 2002; Hobson 2003; Dornes 2005.

태도와 같은 중요성을 갖는 — 의도를 가진 행위자로 지각할 수 있는 능력이 획득되기 때문이다.

그런데 조지 H. 미드와 도널드 데이비슨과 더불어 상징적 사고가 발생하기 위해서는 상대 관점 취하기가 필수적이라고 강조하는 이 모든 발달심리학적 이론들에서 주목할 만한 것은, 이 이론들이 아이와 준거인이 맺는 관계의 정서적 측면을 얼마나 무시하고 있는가 하는 것이다. 구체적 타자의 관점을 취하는 데로 나아가는 초기 단계에서 그 타자에 대한 아이의 정서적 관계가 거의 중요하지 않다는 식으로 설명하는 경향이 벌써 미드에게 어느 정도 존재한다(호네트 1996: 145). 전체적으로 볼 때 정신적 활동의 발생을 준거인에 대한 의사소통적 관계로 설명하려는 대부분의 시도에서는 인지주의적 경향이 지배적이다. 아이가 원형(原形) 대화(Protokonversation) 시기 후 2인칭 관점의 독립성을 짐작하자마자 적극적으로 들어가는 삼각관계는 그래서 대체로 무감정의 공간으로 제시되고 있다. 최근에야 비로소 이러한 인지주의적 추상화를 되돌리려는 몇몇 연구들이 시도되었는데, 이 연구들은 자폐 아이들을 비교 사례로 든다. 이 연구들에서 놀랍게도 공통적으로 드러나는 것은, 유아가 준거인의 태도를 교정 권위로 받아들이기 전에 우선 준거인들과 자신을 정서적으로 동일시해야만 한다는 것이다. 나는 이러한 종류의 연

구결과에 의지하여 인식에 대한 인정의 개체발생적 우선성을
증명하고자 한다.

앞에서 언급한 연구들이 유아기 상호작용의 감정적 요소에
대해 보다 민감할 수 있는 계기가 되었던 것은 자폐 아동들과의
경험적 비교였을 것이다. 왜냐하면 여기서 일반적으로 자폐증
발생의 원인으로 여겨지는 것은 ― 상이한, 대부분의 경우 신체
구성적 장애에 의해 ― 유아가 자신의 주요 준거인들과 결속감
을 발전시키지 못 한다는 것이기 때문이다. 이와 달리 보통의
경우에는 타자와의 정서적 동일시가 그 사람의 관점을 넘겨받
는 것을 가능하게 하고, 그래서 상징적 사고의 발달로 이끌어가
는 전제조건이 된다고 피터 홉슨(Peter Hobson)이나 마이클 토
마셀로(Michael Tomasello)는 주장한다.[2] 이러한 연구의 출발점
을 이루는 것은 1차 상호주관성으로부터 2차 상호주관성으로의
이행과정인데, 인지능력에 중점을 두는 연구들 또한 바로 이 과
정을 염두에 두고 있다. 생후 만 9개월 전후의 유아는 상호작용
행동에서 일련의 괄목할 만한 발전을 이루는데, 그는 이제 원
(原) 표명적인(*protodeklarativ*)*몸짓을 통해 준거인들이 대상에

---

2 Hobson 1993; Tomasello 1999: 94쪽 이하 참조. 훌륭한 개관으로는 Dornes
  2005 참조.
* 만으로 생후 아홉 달의 아이가 삼각관계에 들어갈 수 있을 때 아이가 제3의

— 단지 그것들을 함께 관찰하고자 — 주의를 돌리도록 할 수 있게 되는 것이다. 나아가 유아는 처음으로 중요한 객체에 대한 자신의 태도를, 자기 눈앞에 있는 구체적 타자가 반응으로 보여주는 표출적 행동방식에 의존적이게 만든다. 결국에는 상징적 놀이행동, 그러니까 미드가 "놀이"(play)라고 이름붙인 행위를 수행하면서 아이는, 의미가 지금까지 친숙했던 대상들로부터 풀려나 다른 객체로 옮겨질 수 있다는 것을 점차 이해하게 되는 것 같다. 아이는 이런 식으로 객체가 새롭게 얻게 되는 기능들을 창조적으로 이해할 수 있어야 한다.[**] 이러한 혹은 비슷한 학습과정을 확인하는 데 있어서는 이미 얘기했듯이 내가 지금까지 구분해왔던 두 이론적 입장이 일치한다. 두 입장 모두 아이가 2인칭 관점으로부터 대상들을 — 객관적이고 자신의 태도

_____

대상을 가리키는 지시는 두 종류로 구별될 수 있다. 하나는 원(原)명령적(protoimperativ) 지시로 아이는 엄마가 그 대상을 가져다주기를 바라고 그 대상을 갖게 되었을 때 만족한다. 또 다른 하나는 원표명적 지시로 아이는 엄마가 그 대상을 함께 보기를, 그리고 그 대상의 이름을 불러주기를 바란다. 그리고 그렇게 해주면 만족한다.

[**] 여기서 호네트가 "상징적 놀이"로 염두에 두고 있는 것은 다음과 같은 것이다. 아이들이 소꿉장난을 하고 있다고 생각해 보자. 아이들은 소꿉장난을 위해 처음에는 꼭 숟가락처럼 생긴 장난감을 필요로 하고 꼭 그릇같이 보이는 장난감을 필요로 한다. 그러나 좀더 시간이 지나면 아이들은 그냥 나무 막대기를 젓가락인 것처럼 사용하며 놀고, 나아가서는 구체적인 물건이 없이도 있는 것처럼 소꿉놀이를 할 수 있게 된다. 전에는 하나의 물건에 하나의 의미가 고정되어 있었다면 이렇게 상징적 놀이 단계에서는 그 고정된 의미관계가 풀어지고 아이들은 대상들과 창조적으로 관계를 맺게 된다. Dornes 2005 참조.

에 독립적인 세계에 속하는 — 실체로 지각하기를 배우는 것은, 의사소통적 상호작용의 발달을 통해서라는 것에 주목한다. 그러나 인지능력에 집중하는 접근방식들과 달리 홉슨과 토마셀로는, 만약 앞서 아이가 자신의 준거인들과의 결속감을 발전시키지 않았다면, 이러한 모든 상호작용적 학습과정을 수행할 수 없었을 것이라고 강조한다. 왜냐하면 그러한 선행하는 동일시를 통해 아이들은 구체적 타자의 현존에 의해 움직여지고 감동 받고 동기를 부여받아, 그 타자의 태도변화에 관심을 갖고 그를 따라하게 되기 때문이다.

이 이론의 특징은 우리가 다시 한 번 자폐증을 설명하는 데 있어서의 차이점을 생각해 볼 때 가장 분명하게 드러날 것이다. 인지능력에 집중하는 전통적 접근방식이 자폐적 행동의 발생을 사고 및 언어기능 장애와 결부된 인지적 결함에 돌릴 수밖에 없음에 반해, 토마셀로와 홉슨은 준거인들의 정서적 현존에 대한 아이의 부족한 감응(感應, Ansprechbarkeit) 능력을 결정적인 원인으로서 고려한다. 물론 이러한 초연함이 뇌생리학적으로 또는 유전적으로 조건지어진 것일 수도 있지만, 그러나 결정적인 것은 어디까지나 이러한 아이들에게는 구체적 타자와의 동일시가 구조적으로 막혀있다는 사실이다. 정서적 측면을 고려하는 자폐증에 대한 이러한 연구의 결과들을 마틴 도네스(Martin Dornes)

는 다음과 같이 요약한다. 자폐아는 "감정적으로 적절하게 감응할 수 없기 때문에 세계에 대한 자신의 관점에 붙잡혀 있고 다른 관점을 배우지 못한다. 그는 얼굴 표정에서 신체의 움직임에서 의사소통적 몸짓에서 표현되는 태도들을 보지 못한다. 아니, 보다 정확하게 말해서 느끼지 못한다. 그는 그러한 표현의 표출적-정신적 내용에 대해 혹은 사람들이 또한 말하듯이 그러한 표현들의 의미에 대해 눈멀어 있다. 자폐아는 그러므로 인지적 결함 때문에 '정신적 맹인'인 것이 아니다. 그는 우선 감정적 맹인이기 때문에 정신적 맹인이다"(Dornes 2005: 26).

테오도르 아도르노(Theodor W. Adorno)도 자신의 저작 몇몇 곳에서 이러한 종류의 숙고를 했다는 것을 나는 여기서 단지 짧게 부연하고자 한다. 주로 《미니마 모랄리아》(*Minima Moralia*)와 《부정변증법》에서 아도르노가 인간 정신의 발생을, 홉슨 및 토마셀로와 비슷하게, 사랑하는 준거인에 대한 초기의 모방이란 전제에 결부시키고 있다는 것을 알아채게 하는 문구들이 계속 반복해서 나온다. 《미니마 모랄리아》의 한 유명한 아포리즘에는 다음과 같은 문장이 있다. "인간은 다른 인간을 모방함으로써 그제야 비로소 인간이 된다", 즉 정신적 존재가 된다. 독자는 곧 이어서 읽게 된다. 그러한 모방은 "사랑의 원(原)형식"이라고(아도르노 2005: 206). 여기서도 앞의 두 저자가 아이들의 정신적 학습과정의 출발점으로 삼았던 바로 그 탈중심화가 주제화되고 있다. 그러니까 세계에 대한 타자의 관점을 중요한 것으로 경험하는 것을 드디어 비로소 가능하게 하는 타자에 대한 일종의 실존적, 나아가 정서적 공감 말이다. 2인칭 관점에 자신을 세우는 것은 인정을 일종의 선금으로 지불할 것을 요구하는데, 이 인정은 인지적 혹은 인식론적 개념들로는 온전히 파악될 수 없다. 그것은 자의적이지 않은 열림(Öffnung), 헌신 그리고 사랑을 포함하고 있기 때문이다. 이러한 호감, 혹은 아도르노가 정신분석학적으로 말하듯 대상에 대한 리비도적 집착이야말로 바로 유아가 타자의 관점에 서는 것을 가능하게 하고, 그리하여 그에 힘입어 주변세계에 대한 확대된, 마침내는 탈인격화된 표상을 획득하는 것을 가능하게 하는 것이다.

물론 이런 발달심리학적 사유는 내가 앞서 루카치, 하이데거, 듀이 사이의 어떤 수렴점이 있다는 증명을 통해 발굴하고 준비해온 생각과 같다고 할 수는 없다. 거기서 문제되었던 것이 공감 혹은 인정이라는 특정한 자세가 모든 중립적인 세계관계 형식들에 대해 갖는 일반적 우선성이었다면, 여기서는 단지 시간적인 의미에서, 객체에 대한 상호주관적 의식으로 나아가기 전에 있어야 하는 정서적 감응의 우선성이 문제인 것이다. 그러니까 우선성의 종류에 있어서도, 그러한 우선성이 있다고 주장되는 것의 특징적 성격에 있어서도 이 두 경우는 동일한 것이 아니다. 정서적 결속 혹은 구체적 타자와의 동일시는, 하이데거와 듀이가 염두에 두고 있는, 상황 속에 주어져 있는 것들에 대한 근본적인 염려와는 어느 정도 다른 것이다. 그러나 그럼에도 불구하고 나는 저 개체발생적 증거가 인정의 우선성이라는 일반적 테제를 위한 첫 번째 지지대를 제공해 줄 수 있다고 생각한다. 왜냐하면 사랑하는 사람의 관점으로부터 유아는 비로소 상황 속에 주어져 있는 것들이 인간에 대해 가질 수 있는 실존적 의미들의 풍성함에 대한 예감을 얻는 것처럼 보이기 때문이다. 그러므로 자신의 준거인들과의 정서적 결속을 통해 유아에게 하나의 세계가 개시된다. 그 세계의 질적 의미를 경험하기 위해서는 자신도 거기에 실천적으로 참여하고 있어야 하는 그런 세계 말이다. 발생과 타당성, 혹은 맑스주의적으로 말해서 역사와 논리는, 유아의 사고 발생조건이 우리의 세계인식에 아무 관련이 없을 만큼 그렇게 서로에게서 멀리 찢어져서는 안 된다. 바로 이런 의미에서 아도르노는 우리의 인지적 성취가 리비도적 감성을 토대로 삼고 있다는 자신의 진술이 이해되기를 바랐다. 아이가 자신이 사랑하는 준거인의 관점으로부터 출발해 실재에 대한 객관적 이해에 도달하게 된다는 사실은 동시에 우리의 인식에 대해서 다음과 같은 것을 말해준다. 하나의 유일한 지각 대상을 우리가 보다 많은 관점에서 파악할 수 있으면 그런

만큼 우리의 인식은 더 적절해지고 더 정확해진다. 그러나 이렇게 다른 관점들을 취하는 것은 ― 그때마다 우리는 대상의 새로운 측면을 인식하게 되는데 ― 갓난아이에게 그런 것처럼 우리 마음대로 처분할 수 없는 정서적 열림 혹은 동일시라는 비(非)인지적 전제와 결부되어 있다. 이런 한에서 아도르노에 따르면 우리의 인식의 정확도는 우리가 얼마나 많이 다른 관점들을 정서적으로 인정하고 감정적으로 받아들일 수 있는가에 비례한다. 그런데 이로써 나는 이미 발달심리학적 논증의 장을 떠나 눈치 채지 못한 사이 벌써 범주적 증명의 영역 안으로 들어오고 말았다.

## 2. 개념적 증명

지금까지 내가 기껏해야 보여줄 수 있었던 것은, 개체발생에서, 그러니까 연대순으로 이해되어야 하는 과정에서 인정이 인식에 선행해야만 한다는 것이었다. 다시 말해서 앞에서 언급한 연구들이 맞다면 개인의 성장과정에서 어린 아이는 다른 사람의 관점을 통해 객관적 실재에 대한 인식에 도달할 수 있기 전에, 먼저 자신의 준거인들과 자신을 동일시해야 했으며 그들을 감정적으로 인정해야만 했다는 것이다. 나는 위에서 발생적 증명의 마지막에 아도르노에 대해 언급하면서 우리 사고의 이러한 정서적 발생조건이 또한 우리 사고의 타당성 기준에 관해서도 무언가 말해 줄 가능성이 무척 높다는 것을 이미 암시하고자 했다. 그러나 그런 식의 사변은 당연히, 인식에 대한 인정의 우선성을 개념적 의미에서도 말할 수 있기 위해서 필요한 논거들을 대체할 수 없다. 하이데거와 듀이, 짐작건대 루카치 또한, 세계에 대한 인간의 인지적 관계에 앞서 마음씀 혹은 실존적 관여의 태도가 원칙적으로 선행한다고 주장할 때에, 그러한 개념적 종류의 우선성을 염두에 두고 있었다. 그들에게는 인정이 선행한다는 사실을 우리가 시야에서 놓치자마자 우리의 인식 노력은 실패할 수밖에 없고 그 의미를 잃어버릴 수밖에 없다는 것을 증명하는 것이 중요했다. 이렇게 요약된 주장이, 하이데거에게서는 그가 "학문적" 인식, 즉 사태에 대한 완전히 객관화된 인식을, "마음씀"으로 지칭되는 선행하는 태도의 파생물로 이해한다는 사실에서 드러난다(하이데거 1998: 199쪽 참조). 듀이는, 모든 연구는 자신들의 노력의 "규제적 원칙"을 시야에서 놓치지 않기 위해서, 생활세계에서 경험된 당혹이란 문제에 자신들의 기원이 있다는 것을 흐릿하게나마 인식하고 있어야 한다고 쓰고 있다(Dewey 1930: 261). 우리의 인지적 세계관계가 개념적 의미에서도 인정의 태도와 결부되어 있다는 것을 보이기 위해서 나는 우리 주제에 보다 가까이 놓여있는 제 3의 길을 가고자 한다. 그러니까 인식과 인정의 관계에 대한 스탠리 카벨 (Stanley Cavell)의 숙고를 이 자리에 끌어들이는 것이 좋을 것 같다.

카벨은 잘 알려져 있듯이 우리가 다른 사람의 심리상태에, 이른바 "타자의 마음"(*other minds*)에 매개 없이 직접적인 지식을 가질 수 있다는 생각에 대한 비판을 통해 자기 자신의 인정 ("*acknowledge*")*개념에 도달한다(Cavell 1976).[3] 근본적으로 볼 때 이러한 가정의 옹호자들이 자신들의 반대자들, 즉 회의주의 자들로부터 유래하는 전제를 너무 많이 받아들였다는 것이 카벨의 믿음이다. 다시 말해서 회의주의자들은 다른 사람의 감정상태에 접근할 수 있는가 하는 문제를 항상 인지적 도전으로 이해해왔다. 그래서 그들은 확실한 지식이란 범주 안에서 이 문제에 대한 대답을 요구할 수 있었다. 그런데 반(反)회의주의자들이 이러한 전제를 조건으로 받아들인 후 회의주의를 반박하려하는 한, 카벨에 따르자면 그들의 시도는 어쩔 수 없이 이미 실패할 수밖에 없다. 왜냐하면 반회의주의자 또한 다른 사람의 감

---

* 헤겔의 개념으로 '인정'(*Anerkennung*)이 영어로 옮겨질 때 표준이 되는 단어는 'recognition'이다. 그런데 영어단어 'acknowledgement'도 독일어로 옮겨질 때 'Anerkennung'으로 옮겨진다. 한국어에서도 무리 없이 '인정'으로 옮겨질 수 있을 것이다. 물론 'recognition'과 'acknowledgement'의 차이에 관한 논쟁이 있긴 하지만 여기가 그에 대해 논할 자리는 아니다.

3 카벨의 상호주관성 이론에 대해서는 Hammer 2002: 3장 참조.

정상태에 대한 우리의 지식이 — 그러한 상태에 대해 1인칭 관점에서 알고 있는 사람의 지식과 같은 종류의 질적인 — 확실성을 결코 가질 수 없다는 것을 결국 부정할 수 없기 때문이다. 다른 주체에 대한 접속을 인식관계를 본보기로 해서 묘사하려는 시도는, 심리상태가 단순히 지식의 대상이 아니라는 사실을 적절히 고려하지 못하고 있다. 주체가 자기 자신의 아픔이나 질투에 대해서 "안다"라고 주장할 때조차, 이미 여기서 중립적 의미에서 인식 혹은 지식에 대해 말할 수 있기에는 이러한 상태에 의해 주체가 지나치게 사로잡혀 있으며 "관통되어" 있다는 사실이 간과되고 있다(Cavell 1976: 261). 주체는 타자와의 관계에서 자기 자신 스스로에게조차 — 사실을 전달하는 형식으로 그에 대해 정보를 줄 수 있는 — 대상이 아니다. 주체는, 카벨이 비트겐슈타인과 더불어 말하는 것처럼, 자신의 상호작용 상대자로 하여금 자신의 상태에 주목하게 함으로써 상대방에게 자신의 상태를 표현한다.

이 지점까지 카벨의 논증은 사르트르(Jean-Paul Sartre)가 《존재와 무》 3장에서(Sartre 1993: 특히 405~423쪽 참조) 회의주의와 스스로 대결하면서 펼친 논증과 대체로 비슷하다(Honneth 2003b 참조). 사르트르도 다른 사람에 대한 인지 우선적 접근이란 전제에 붙잡혀 있는 한 타자의 심리와 관련하여 회의주의를 논박할 수 없다고 확신하고 있다. 다시 말해서 그러한 인지적 종류의 관계를 가정하는 것은 인식적 확실성이란 이상을 세우는 것인데, 그것은 감정상태는 당사자에게조차 결코 지식 및 인식의 객체가 될 수 없기 때문에 이미 도달될 수 없는 이상이다. 사르트르에 따르면 이러한 비대칭성은 원칙적으로 주체의 상대방에 대한 관계를, 그 상대방이 자기 자신의 상태에 대해 갖는다고 생각되는 바로 그 관계를 본으로 삼아 생각할 경우에만 극복될 수 있다. 여기서 우리가 지식이 아니라 감응됨(Betroffenheit) 혹은 관여됨(Involviertheit)에 대해서 말하는 것처럼, 우리는 또한 의사소통적 행위자를 인지적 주체가 아니라 실존적으로 관여된 주체로 생각해야 할 것이다. 다른 사람의 감정상태에 대해서 중립적으로 지각하는 것이 아니라, 그것에 의해서 자기 자신과의 관계 속에서 감응되는 주체 말이다.

이러한 중간결과에서도 카벨은, 방법적으로는 차이가 크지만, 아직도 대체로 사르트르와 일치한다. 그러니까 자신의 감정상태에 대한 발언들은 지식을 표현하는 것으로 이해될 수 없다는 것을 보인 후에, 카벨은 이로부터 이것이 기초적 상호작용관계에 대한 우리의 이해에 미치는 귀결을 끌어내는데, 이 귀결은 사르트르의 현상학적 분석에서 이끌어지는 귀결과 매우 유사하다. 만약 화자가 보통 그렇듯 지식의 지위를 주장함 없이 상대방을 자신의 감정에 주목하게 함으로써 자신의 감정을 상대방에게 표현한다면, 그 상대방의 언어적 반응은 이제 인식의 수행으로 해석되어서는 안 된다. 오히려 그 상대방은 자신의 답변을 통해, 화자가 자신에게 환기시킨 감정에 대해 일반적으로 자신의 "공감"을 표시할 뿐이다. "나는 여기서 다음과 같이 말할 수 있을 것이다. '네가 아프다는 것 알아'가 확실성의 표시가 아닌 이유는, 이것이 아픔의 드러냄에 대한 반응이기 때문이다. 이것은 **공감**(*sympathy*)의 표현이다"(Cavell 1976a: 263, 카벨 자신의 강조).

   "공감"이란 개념을 통해 이미 우리는 카벨의 논증에서 내가 특히 흥미롭게 여기는 사태에 가까이 왔다. 카벨이 비트겐슈타인과 더불어 말하고자 하는 것은, 다른 주체의 감정상태에 대한 모든 가능한 인식에 앞서 우선 어떤 자세가 선행해야만 한다는 것이다. 내가 그의 감정세계에 마치 실존적으로 참여하고 있는 것처럼 느끼는 자세 말이다. 이러한 '충격'을 일단 경험한 후 그리고 이를 통해 타자와 어떤 형태로든 접속이 생겨난 후, 나는 이제 그의 감정표현을 그것이 그 내용상 그런 것으로, 그러니까 그에 상응하는 방식으로 반응하라는 나를 향한 요구로 지각한다. 따라서 카벨에 따르면 "인정한다"(*to acknowledge*)는 것은, 상대방의 몸짓을 통한 표현을 어떤 특정 반응을 요구하는 것으로 이해할 수 있는 그런 자세를 취하는 것을 의미한다(Cavell 1976a: 263). 아무런 반응도, 한낱 부정적 반응도 없다면 거기서 분명해지는 것은 타자의 감정표현이 적절하게 이해되지 못했다는 것이다. 이런 한에서 카벨은 감정표현 문장의 이해를, 인정하는 자세 취하기라는 비인지적 전제와 아주 긴밀하게 결부시킨다. 그리고 그런 종류의 태도를 취할 능력이 없다는 것은, 카벨에 따르자면 결국 사회적 관계를 유지할 능력이 없다는 것을 의미한다.[4] 여기가 바로 카벨과 사르트르가 갈라지는 지점이다. 두 저자 모두 회의주의로부터 물려받은 짐이라고 생각하는, 사회적 상호작용에 대한 인지 모델을 상호적 감응(*Affiziertheit*) 모델로 대체한다. 주체는 자신 앞에 서 있는 다른 주체가 정신적 속성을 가진 존재라는 것을 일반적으로 확실히 의식하고 있는데, 왜냐하면 주체는 상대방의 감정상태를 거기에 어떤 식으로 반응하도록 촉발되는 식으로 경험하기 때문이다. 그런데 사르트르가 이제 이러한 실존적 사실로부터, 주체들은 그들의 무한한 초월의 자유란 측면에서 서로를 상호적으로 제한하고 있다는 부정적 귀결을 끄집어내는 데 반해(Sartre 1993: 471쪽 이하), 카벨은 치료적으로 인정의 필수적 우선성을 지적하는 데서 그치고 있다. 왜냐하면 카벨이 보기에 저 인식론적 모델의 흡입력이 일상생활에서 초래하는 위험이 너무 커서, 상호적 공감의 사실성에 대한 기억이 항상 새롭게

---

4 이에 관해서는 '리어 왕'에 대한 카벨의 매혹적인 분석(Cavell 1976b) 또한 참조할 것.

필요하기 때문이다. 카벨이 자신의 언어분석적 개입을 통해 유발하고자 하는 유일한 것은 사람들 사이의 의사소통에 대한 그릇된 상(像)에 대한 방어이다. 사회적 상호작용이란 직물은, 철학이 자주 가정하는 것처럼 인지적 행위란 재료가 아니라 인정하는 자세라는 재료로 짜여있다. 그러므로 우리가 평소 다른 주체의 감정표현 문장을 이해하는 데 아무 어려움이 없는 이유는, 감정표현이 행위를 촉구하는 내용을 갖고 있다는 것이 당연하게 여겨지는 그러한 태도를 우리가 앞서 취하고 있기 때문이다.

이러한 마지막 요약을 통해 내가 왜 카벨의 분석이 내가 지금까지 이론사적으로만 추적해온 테제를 체계적 논거를 가지고 보충해 준다고 생각하는지 분명해졌을 것이다. 이미 루카치, 하이데거, 듀이는 사회적 행위의 장에서 인정이 인식에 일반적으로 선행해야 한다고 믿고 있었다. 그 후에 내가 도입한 발달심리학적 증거들은 그렇게 윤곽이 그려진 생각을 비록 시간적 혹은 발생적 의미에서지만 지지해 줄 수 있었다. 그러나 이제 카벨의 논지에 힘입어 시간적 의미를 넘어서 이 테제의 범주적 의미를 방어하는 것이 비로소 가능하게 된다. 왜냐하면 그의 분석에 따르자면 우리는 특정 부류에 속하는 언어 표현의 의미를 그가 "인정"이라고 부르는 자세 혹은 태도를 취하고 있을 때에만 이해할 수 있기 때문이다. 요약하자면 언어 이해는 타자에 대한 인정이라는 비인지적 전제에 결부되어 있다. 이러한 "인정"의 형식을 가지고 그가 전통적으로 의사소통적 태도나 타자 관점 취하기 개념에 담겨있는 것과 다른 혹은 그 이상의 것을 의미한다는 점에서도 카벨은 우리의 세 저자의 직관과 일치하는 것처럼 보인다. "마음씀"이란 하이데거의 범주에서와 마찬가지로 카벨의 구상에는, 행위근거를 이해한다는 생각에서는 자기 자리를 찾을 수 없는 감정적 공감이란 계기가 들어있기 때문이다.

물론 카벨은 그런 인정하는 자세를 취한다는 것이 타자에 대한 항상 호의적이고 상냥한 반응을 보이는 것이라고 생각하지 않는다. 그에 따르면 무관심이나 부정적 느낌도, 거기에 상대방의 인간적 인격성에 대한 비인지적 확인이 들어있기만 하다면, 여전히 가능한 상호주관적 인정의 방식이다(Cavell 1976a: 263). 그런 한에서 내가 지금까지 "공감"의 개념과 관련하여 사용해왔던 "긍정적"이란 형용사는 호의적이고 친절한 감정을 지시하는 의미로 이해되어서는 안 된다. 그것이 의미하는 바는 단지 우리가 타자를 비록 순간적으로 몹시 싫어하고 미워하더라도 인정의 태도에서 그의 가치를 시인해야 한다는, 우리의 감성에까지 영향을 미치는 실존적인 사실이다. 그러나 우리는 카벨

보다 한 걸음 더 나아가, 감정상 부정적으로 느껴진 인정의 경우 타자의 인격성에 적절하게 반응하지 못했다는 감(感)이 그 안에 항상 공명하고 있다고 주장할 수 있을 것이다. 그것은 우리가 전통적으로 "양심"이라고 부르는, 인정하는 자세의 한 계기일 것이다.

어쨌건 분명히 해야 할 것은, 여기서 문제되고 있는 인정의 태도는 다른 사람의 특정 가치에 대한 지각을 아직 포함하고 있지 않는 아주 기본적인 상호주관적 확인의 형식이라는 것이다. 카벨이 "인정"으로, 하이데거가 "마음씀" 또는 "배려"(*Fürsorge*)로, 듀이가 "관여"로 가리키고자 한 것은, 이미 상대방 각자의 특별한 속성에 대한 긍정(*Bejahung*)을 함축하는 상호적 인정의 문턱 아래에 있는 것이다.[5] 그럼에도 불구하고 나에 의해 발굴·준비된 전통의 맥락 안으로 카벨의 분석을 간단하게 포함시키는 것을 어렵게 만드는 차이가 여전히 존재한다. 하이데거 및 듀이 그리고 루카치와 달리, 카벨은 자신이 인정하는 자세라고 부르는 것의 타당성 조건을 사람들 사이의 의사소통 영역에만 한정시킨다. 인간 이외의 대상에 관해서도 먼저 인정의 태도를

---

5 이런 한에서 여기서는, 지금까지 내가 이 주제에 관한 논의들에서 다루어왔던 것보다 더 기본적인 인정의 형식이 문제되고 있다(Honneth 2003a 참조). 이제 나는 "실존적" 양상의 인정이, 다른 사람의 특정한 속성이나 능력을 시인하는 보다 내용이 풍부한 다른 모든 인정형식들의 밑바탕에 놓여 있다고 상정하고 있다.

취해야 한다는 식의 생각은 그에게는 무척 낯선 것이다. 다음 장에서 나는 이 차이로 다시 돌아와야 한다. 다음 장에서 나는 우선 다시 "물화"라는 주제에 관심을 기울일 것이다. 이 주제를 해명하는 것이 바로 이 고찰의 주된 대상이다.

# 4 물화 : 인정 망각

나는 앞장에서 비록 서로 다른 강조점을 갖고 있긴 하지만 하나의 같은 방향을 가리키고 있는 일련의 증거들을 모아 보았다. 앞장에서 내가 제시한 발달심리학 이론뿐만 아니라 카벨의 분석 역시 인간의 사회행동에서, 발생적으로 동시에 범주적으로, 인지에 앞서는 인정의, 중립적 파악에 앞서는 공감의 우선성 테제를 지지한다. 그러한 선행하는 인정의 형식이 없다면 갓난아이는 자신의 준거인들의 관점을 넘겨받을 수 없을 것이고, 성인은 자신의 상호작용 상대방의 언어표현을 이해할 수 없을 것이다. 물론 이렇게 지지하는 이론들 중 어느 것도 우리가 인간이 아닌 대상들에 대해서도, 우선 항상 그러한 공감의 자세를 취해야 한다고 주장하지는 않는다. 언급된 발달심리학에서는 구체적 타자와의 정서적 동일시가 모든 사고의 전제로 통하지만, 그렇다고 거기서 인간이 아닌 대상들에 대해서도 특정한 태도가 요구되는 것은 아니다. 카벨은 자신의 특별한 관심 때문에 자연에 대한 인간의 관계라는 문제는 전혀 다루지 않는다. 이러한 어려움을 나는 우선 여기에 그냥 그대로 남겨두고, 내가 인정의 우선성에 관해 설명하기 전에 놓아버린 논증의 줄기를 내가 놓아버린 곳에서 다시 시작하고자 한다. 나의 원래 물음은 이것이었다. 어떻게 하면 "물화" 개념을, 루카치의 원래 직관을 가능한 한 많이 고려하면서도, 오늘날 다시 한 번 정식화할 수 있는가?

앞에서 보여준 것처럼 루카치의 "물화" 개념은 한낱 인지적 범주착오를 나타내는 것도 아니고 도덕원칙에 대한 위반을 나타내는 것도 아니다. 범주착오와 달리 "물화" 개념은 비인지적인 어떤 것, 그러니까 습관 혹은 행동의 형식을 가리킨다. 개인에게 돌려질 수 있는 책임이나 과오에 대한 지적이 없다는 점에서 그 개념은 도덕적 부당함과도 구별된다. 무엇보다 하이데거와의 비교가 분명하게 해준 것처럼, 루카치는 "물화"가 일종의 사고습관, 즉 습관적으로 고착된 일종의 관점으로 이해되기를 바란다. 그 관점을 취함으로써 사람들이 사람과 사건에 대한 관심과 공감을 잃어버리는 그런 관점 말이다. 이러한 상실에 비례

하여 주체는 순수하게 수동적인 관찰자로 변해서, 그들에게는
사회 및 물리적 환경세계만이 아니라 그들의 내면생활 또한 물
적 존재자들의 조합으로만 나타나게 된다는 것이 루카치의 믿
음이었다. 이제 우리가 회고조로 확인할 수 있는 바와 같이 루
카치에게 "물화"란 그러므로 과정에 대한, 또한 결과에 대한 개
념이다(Lohmann 1991: 17). 이 개념이 나타내는 것은 상실의
과정, 그러니까 근원적이고 옳은 태도가 2차적이고 그릇된 태
도에 의해 대체되는 과정 그리고 이러한 과정의 결과, 즉 물화
된 지각 및 행동방식이다. 그 동안 우리는 적어도 사회적 관계
의 세계와 관련하여서는, 인정 혹은 공감이란 태도가 선행한다
고 가정할 수 있도록 해주는 일련의 좋은 근거들이 있다는 것을
살펴보았다. 그러나 그러한 근원적 행동형식이 사람들의 삶의
방식에 그렇게 깊게 뿌리내리고 있다면, 그것이 상실된다는 것
을 루카치는 어떻게 설명할 수 있을까? 이로써 윤곽이 드러난
물음이, 오늘날 우리가 "물화" 개념을 다시 활성화시키고자 할
때 맞닥뜨리게 되는 최대의 어려움이다. 왜냐하면 여기서 존재
론적 세계상(世界像)의 훼손하는 영향을 지적할 수 있는 하이
데거와 달리, 루카치는 그러한 상실의 과정을 사회적 정황을 통
해, 그러니까 원래는 인정의 태도를 드러내고 있어야 하지만 현
실에서는 그렇지 않는 사회적 실천과 제도의 연결망을 통해 설
명해야하기 때문이다. 그러나 "물화"를 통해 상실된다고 하는

것이, 원래 모든 사회적 과정에서 어떻게든 표현되어야 할 만큼 인간의 사회성에 구성적 의미를 갖는다고 한다면, 그렇다면 어떻게 "물화" 과정이 사회적 과정으로서 설명될 수 있는가?

이 물음에 대해 《역사와 계급의식》 전체에서 단 하나의 대답만이 발견될 수 있는데, 그것도 후에 루카치가 스스로 부정할 만큼(루카치 1967: 25~6) 거의 설득력이 없다. 따라서 우리는 물화과정을 근원적인 참여적 관점이 중립화되어서, 결국에는 객관화하는 사고의 목적에 봉사하게 되는 바로 그 과정으로 생각할 수밖에 없다. 그래서 우리는 어쩌면 듀이와 더불어 물화가 다름 아니라 바로 반성적 거리두기, 즉 인식이란 목적을 위해 우리의 모든 지식이 먼저 정박해있던 상호작용에 대한 질적 경험으로부터 분리되는 것이라고 말할 수 있을지도 모르겠다. 만약 이러한 이해가 옳다면, 그러니까 물화가 실제로 우리의 사고의 객관화와 같은 것이라고 한다면, 그렇다면 그러한 객관화를 요구하는 모든 사회적 과정은 이미 물화과정의 징표일 것이다. 사실 《역사와 계급의식》 안에는 물화과정이 우리들의 항상 선행하는 공감의 자세를 사회적으로 강제로 중립화시키는 것과 마찬가지라고 저자가 말하는 것처럼 들리는 구절이 많이 있다. 그러나 그런 가정이 너무 총체화하는 것이기 때문에 틀린 것일 수밖에 없다는 것은, 우리가 선행하는 인정을 지금까지 객관적 사고의 반대로서가 아니라 오히려 그것의 가능조건으로서 고찰해왔다는 사실에서 이미 밝혀진다. 《존재와 시간》의 하이데거가 학문적 세계인식을 "마음씀"의 가능하고 정당한, 다만 "파생적인"(abkünftig) 연속으로 이해한 것과 같은 방식으로(하이데거 1998: 33절과 44절 참조), 듀이 또한 모든 객관화하는 사고는 근원적인 질적 경험의 반성적 중립화에 빚지고 있다고 믿고 있다. 두 사상가는 모두, 스탠리 카벨도 마찬가지로, 그리고 나에 의해 동원된 발달심리학도, 인정하는 자세를, 세계와 다른 사람에 관한 지식에 어떻게든 도달하기 위해서는 취할 수밖에 없는 실천적 비인지적 태도로 이해한다. 그런 한에서 루카치와 더불어 이러한 인정의 관점이 인지 그 자체와 어떤 긴장관계에 서 있다고 혹은 전혀 양립할 수 없다고 가정하는 것은 전혀 그럴듯해 보이지 않는다. 사람과 사태에 대한 객관화하는 파악은 선행하는 인정의 가능한 산물이지 결코 그것의 정반대가 아니다.

나아가 루카치가 자신의 개념전략을 통해 수행하는 물화와 객관화의 동일시는 사회발전과정에 대해 대단히 의문스러운 상을 제시한다. 그러니까 근본적으로 루카치는 선행하는 인정의 중립화를 요구하고 그것을 제도적으로 지속시키는 모든 사회적 혁신(Innovation)을 물화의 경우로 보아야 한다. 그래서 그는 결국 막스 베버가 근대 유럽에서 사회의 합리화과정으로 묘사했던 모든 것을 전체적으로 사회의 총체적 물화의 원인으로 파악하는 것을 피할 수 없다. 그러나 동시에 루카치는 공감이란 근원적 태도가 그것의 사회구성적 기능으로 인해 결코 완전히 사라질 수 없다고 주장해야 하기 때문에, 그의 사회상은 여기서 한계에 부딪힌다. 사회의 모든 과정이 그것이 객관화하는 태도를 강제한다는 이유만으로 물화되었다면 인간의 사회성은 이미 해체되었어야 한다. 이러한 모든 곤란한 귀결은, 루카치가 물화와 객관화를 하나로 만듦으로써 채택한 개념전략의 결과들이다. 이로부터 앞으로의 고찰을 위해 얻어질 수 있는 교훈은, 물화과정을 루카치가 자신의 텍스트에서 한 것과는 다르게 개념화해야 한다는 것이다.

루카치가 물화과정에 관해 발전시킨 생각은 말하자면 충분히 복합적이지 못하고 충분히 추상적이지 못하다. 루카치는 물화과정을 결국에는 인정이 사태와 사람에 대한 객관화하는 인식을 통해 대체되는 것과 동일시함으로써, 사회발전 과정에서 객관성의 증가가 갖는 의미를 암묵적으로 부정하였다. 이러한 루카치의 실수를 피할 수 있는 하나의 가능성은 외적 기준을 도입하여 어느 사회영역에서는 인정하는 자세가 필요하고 어느 영역에서는 객관화하는 태도가 필요한지를 결정하는 것일 것이다. 이러한 기능주의적 길을 간 사람이 예를 들자면 《의사소통

행위이론》의 하버마스(Jürgen Habermas)이다. 거기서 하버마스는 "물화"를 전략적이고 "관찰적인" 행동방식이 사회적(*sozial*) 영역으로 침범해, 그 영역이 의사소통적으로 지속될 수 있기 위해 필요로 하는 전제들을 위태롭게 만드는 바로 그러한 과정으로 이해하고자 한다(하버마스 2006b: 8장 1절과 2절). 이런 식의 개념전략이 갖는 매우 명백한 단점이라고 생각되는 것은 이로써 기능주의적 구분에 암묵적으로, 그러한 구분이 원래 질 수 없는 규범적 증명부담이 부가된다는 것이다. 어느 시점부터 객관화하는 태도가 물화하는 효과를 산출하는가 하는 물음은, 겉으로만 가치중립적으로 기능적 요구에 대해서 말한다고 해서 대답될 수 없기 때문이다.[1]

그래서 나는 물화과정에 대한 적절한 기준을 찾는 이 물음이 완전히 다르게 제기되어야 한다고 추정한다. 참여 없는 관찰의 모든 형식이 선행하는 인정과 대립관계에 서 있다는 단순주의적 표상을 고집하는 한, 우리는 그런 인정과 공감의 중립화가 보통의 경우 문제의 지적 해결이란 목적에 기여한다는 생각을 적절하게 고려하지 못한다. 그러므로 루카치와 더불어 인정하

---

[1] 궁극적으로 하버마스에게서 이 문제는, 규범적 관점과 기능적 관점이 미묘하게 엉켜 있는 "체계"와 "생활세계"의 구분과 연관되어 있다. 나의 분석을 참고할 것. Honneth 1989: 9장.

는 태도를 떠나는 순간 도처에서 물화의 위험이 시작된다고 생각하는 대신, 우리는 우리의 연구에서 두 태도가 서로 어떤 관계에 서 있는지를 조망할 수 있는 보다 상위의 관점에 관심을 기울여야 할 것이다. 두 태도가 맺는 관계의 양상이 문제되는 이러한 보다 높은 차원에서, 루카치가 아직 작업하고 있던 단순 대립관계를 대체할 수 있는 양극이 조망될 수 있다. 한 쪽에는 인정에 민감한 인식의 형식들이 서 있고, 그 맞은편에는 선행하는 인정으로부터 나왔다는 자신의 기원에 대한 감을 잃어버린 인식의 형식들이 서 있다. 좀 복잡한 이러한 정식화는, 두 태도 형식이 관계되는 두 방식을, 그것들이 서로에 대해 투명한가 불투명한가, 접근가능한가 그렇지 않은가에 따라 구분하는 것이 척 보기에 의미 있다는 것을 분명하게 하고자 의도되었다. 전자의 경우 인식 혹은 관찰하는 행동은 자신이 선행하는 인정에 의존하고 있다는 의식 속에서 수행된다. 그러나 후자의 경우 인식은 자신의 이러한 의존성을 떼어버리고 자신이 모든 비인지적 전제들에 맞서 자족적(自足的)이라고 망상한다. 이러한 형식의 "인정 망각"(Anerkennunsvergessenheit)을 우리는 루카치의 의도를 한 수준 높은 곳에서 지속하면서 "물화"라고 부를 수 있다. 그러므로 이것이 의미하는 것은 다른 사람에 관한 우리의 지식과 인식에서, 그 둘이 선행하는 공감과 인정에 얼마나 빚지고 있는지에 대한 의식이 상실되는 과정이다.

이러한 제안을 보다 그럴듯하게 하는 작업에 착수하기 전에 나는 우선 짧게 나의 제안이 앞에서 거명한 저자들 중 몇몇의 의도와 대체로 일치한다는 것을 보이고 싶다. 존 듀이에게는 "물화"라는 유럽의 개념이 당연히 낯설었지만, 여기서 인용된 논문들에서 듀이는 우리의 반성적 사고는 자신이 질적인 상호작용 경험에 뿌리내리고 있음을 시야에서 놓치게 된다면 병리화의 위험에 빠지게 된다고 항상 반복하여 암시했다. 그러니까 자신의 기원으로부터 단절됨으로써 우리의 모든 학문적 노력에서 실존적 감응(Betroffenheit)의 계기 ― 바로 이를 위해 학문적 노력들이 처음 시작된 것인데 ― 가 잊혀지게 되는 경향이 짙어진다는 것이다(Dewey 1930: 261; Dewey 1926: 104~5). 선행하는 인정이 "지식의 대상을 드러내 보이는 것"으로 이해되어야 한다고 주장할 때 스탠리 카벨의 논증 또한 별로 다르지 않다. 그러니까 이것은 역으로, 직접적 공감이란 근원적 경험이 의식에서 벗어나 있을 경우, 우리는 다른 사람들과의 상호작용에서 과연 누구와 관계하고 있는지 결코 정확히 알 수 없다는 말이 되겠다. 그러나 사고가 충동 대상, 즉 사랑하는 사람 혹은 물건에 대한 자신의 근원적 연결을 얼마나 의식할 수 있는가에, 우리의 개념적 사고의 적절함과 질이 달려있다고 항상 반복하여 강조한 사람은 누구보다 테오도르 아도르노였다. 더욱이 아도르노에게는 앞서 수행된 인정에 대한 그러한 기억이, 인식이 특정 목적을 위해 자신의 대상을 왜곡하지 않고 대상을 그의 모든 구체적이고 특별한 측면에서 파악하고 있다는 보증과 연결되어 있다(아도르노 2005: 아포리즘 79; Adorno 1973: 266~7).[2] 이 세 저자들 중 어느 누구도 공감의 비인지적 전제를 개념적 사고에 대해 단순히 대립시키지 않았다. 오히려 그들은 모두, 우리의 반성적 노력이 선행하는 인정행위로부터 나왔다는 그 유래를 망각하게 될 때 비로소 우리가 병리현상으로, 회의주의로, 동일성 사고로 문턱을 넘어가게 된다고 믿고 있다. 내가 "물화" 개념의 새로운 규정을 위한 열쇠로 삼고 싶은 것이 바로 이 망각의 계기, 기억상실의 계기이다. 우리가 인식활동을 하면서 그것이 인정하는 자세 취하기의 덕택이라는 감을 상실하는 만큼, 우리는 다른 사람들을 한낱 감각 없는 객체로 지각하는 경향을 발전시킨다. 여기서 한낱 객체, 나아가 "물건"에 대한 언급을 통해 의미하고자 하는 것은, 우리가 기억상실과 더불어 다른 사람들의 몸짓표현을 우리에 대한 반응요구로 즉각 이해하는 능력을 상실한다는 것이다. 물론 우리는 인지적으로 여전히 인간 표현의 전 영역을 지각할 수 있겠지만, 그러나 말하자면 우리에게는 지각된 것으로부터 감응되기 위해서 필요한 결속감이 결

---

2 마틴 젤(Martin Seel 2004)과 달리 나는 "인정하는 인식"이란 아이디어가 아도르노에게서는 모든 인식의 "충동근거"(*Triebgrund*)에 관한 그의 정신분석학적 사변과의 연관 속에서만 설명될 수 있다고 믿는다.

여되어 있다. 이런 한에서 내가 모든 물화과정의 핵심으로 개념화하고 싶은 이러한 선행하는 인정에 대한 망각에, 다른 쪽 편에서는 또한 실제로 세계에 대한 물화된 지각이라는 결과가 상응한다. 사회세계는 자폐아의 지각세계와 거의 비슷하게 심리적 동요와 느낌이 없는 한낱 관찰가능한 객체들의 총체로 나타나는 것이다.

이렇게 "물화" 개념을, 그것이 공감 및 인정에 단순히 반대되는 것을 의미하는 단순한 차원에서, 인정과 인식간의 특정한 관계를 가리키게 되는 복합적 차원으로 전환시킴으로써 당연히 쉽게 해결될 수 없는 일련의 문제들이 제기된다. 우선 선행하는 인정의 사실성이 인지과정에서 망각되는 것이 어떻게 가능할 수 있는지에 대해 적어도 거친 그림이라도 필요하다. 자신의 논증 중 이와 비교될 만한 곳에서, 그러니까 루카치가 자신의 지나치게 단순한 모델 안에서 공감이 한낱 관찰하는 행태에 의해 대체되는 것을 묘사하는 곳에서 그는 시장의 사회적 크기를 논거로 제시한다. 그의 확신에 따르자면 주체들로 하여금 그들의 환경세계에 대해 인정하는 자세가 아니라 한낱 인지하는 자세를 취하도록 유발하는 것은, 자본주의 시장의 익명의 행동강제이다. 그러나 단순한 물화 개념이 보다 높은 수준의 개념을 통해 대체된다면 더 이상 루카치가 한 것처럼 설명의 수준을 그렇게 직접적이고 무매개적으로 사회학적 차원으로 바꿀 수 없다. 오히려 이제 먼저 해명되어야 할 것은, 사회적 실천의 전제를 이루는 인정이, 이러한 실천의 실행 중에 뒤늦게 다시 시야에서 사라진다는 것이 도대체 어떻게 생각될 수 있는가 하는 것이다. 명시적으로 지도를 받아서가 아니라 실천적 연습을 통해 배운 것은 그 후에 다시 잊어버리게 되지 않는다는 것이 일반적이다. 그렇다면 발생적으로뿐만 아니라 범주적으로도 선행하는 인정이 우리의 일상적 인식활동에서 다시 망각되는 것이 도대체 어떻게 가능한가? 이 물음은 내 생각으로는 "망각"이 여기서 "잊어버리다"(*Verlernen*)<sup>*</sup>는 표현이 자주 함축하는 강한 의미를 갖지 않는다는 것을 분명히 한다면 쉽게 대답될 수 있다. 그러니까 여기서 문제가 되는 것은 인정이 선행한다는 사실이 간단히 의식으로부터 떨어져 나와, 그런 의미에서 말하자면 "사라진다"는 것일 수 없다. 그보다는 일종의 주의력 약화이다. 앞의 사실이 의식에서 뒤로 물러나서 시야를 벗어나게 된다는 것이다. 그러므로 "인정 망각"의 의미에서 물화란 인식 활동 중에 그 인식이 선행하는 인정에 빚지고 있다는 사실에 대해 주의를 놓치는

---

<sup>*</sup> 여기서 '잊어버리다'라고 번역한 독일어 동사 'verlernen'은 어떤 사실이나 명제적 지식(*know-that*)보다는 주로 실천적 지식(*know-how*)과 관련해서 쓰이는 용어다. 예를 들자면 자전거 타는 법을 잊어버리다, 헤엄치기를 잊어버리다 할 때의 '잊어버리다'이다.

것을 의미한다.

이제 이런 형식의 주의력 약화를 위한 대표적인 경우가 적어도 두 가지 있는데, 이것은 물화과정의 다양한 유형을 서로 구별하기에 매우 적당하다. 처음의 경우는 우리가 어떤 활동을 수행하면서 그 활동과 관련된 단지 하나의 목적만을 지나치게 열심히 일면적으로 추구하여, 그 외의 다른 모든 목적, 어쩌면 근원적인 동기나 목적에 대한 주의를 상실하는 경우이다. 그냥 곧장 머리에 떠오르는 예로 테니스 시합을 들 수 있겠다. 승부욕에 불타올라 경기를 하다가 상대방이 바로 자신의 제일 친한 친구요, 사실 이 경기가 그를 위해서 시작되었다는 감을 잊어버리는 경우 말이다. 이 예가 보여주듯이 어떤 목적이 그것의 발생 맥락에 대해 자립화되는 것은 나의 이해에 따르자면 우리의 물화과정을 설명할 수 있는 두 유형 중 하나이다. 우리의 실천 중 환경세계에 대한 관찰 및 인식의 목적이, 다른 모든 상황요소들을 완전히 뒤로 물러나게 할 정도로 자립화되기 때문에, 선행하는 인정의 사실성에 대한 주의가 상실되는 것이다. 물화과정의 설명을 위해 끌어올 수 있는 주의력 약화의 다른 경우는 우리 행위의 내적 요소가 아니라 외적 규정요소로부터 생겨난다. 그러니까 우리의 실천에 영향을 미치는 일련의 사고도식 또한 사회적 사실에 대한 선택적 해석을 초래함으로써 상황 속의 중요한 요소들에 대한 주의력을 심각하게 약화시킬 수 있는 것이다. 이 두 번째 경우는 너무나 잘 알려져 있어서 내가 여기서 그에 대한 사소한 예를 제시할 필요는 없을 것 같다. 어쨌건 인정이 선행한다는 사실과 양립할 수 없는 사고도식과 편견들에 의해 우리가 영향을 받는다는 이유에서도 그러한 사실에 대한 주의는 상실될 수 있다. 이런 한에서 이 경우에는 "망각"이 아니라 "부정"(*Leugnung*) 혹은 "방어"(*Abwehr*) 라고 하는 것이 보다 적절할 수도 있겠다.

이러한 두 경우의 구분을 통해 우리는 복합적 모델의 틀 안에서 물화과정을 설명할 수 있는 두 가지 유형을 알게 되었다. 요약하자면 처음의 경우에는 인식이란 목적이 자립화됨을 통한 인식하는 자세의 일면화 또는 경직화가 문제지만, 두 번째 경우에 문제되는 것은 이득을 위해서 혹은 고정관념 때문에 인정이 차후에 부정되는 것이다. 이러한 해명을 통해 이제 우리는 진정 사회적 차원으로 설명의 수위를 바꿀 수 있는 수단을 손에 얻었다. 우리는 이제 우리 시대의 사회현실을 물화과정의 원인에 맞춰 연구할 수 있기 위해 충분히 분화된, 물화과정의 진행 형식에 대한 그림을 갖게 되었기 때문이다. 분명해졌듯이 문제되는 것은 관찰이란 목적을 자립화시키는 제도화된 실천이거나, 선행하는 인정을 부정하도록 강제하는 사회적으로 효과적인 사고

도식이다. 그러나 나는 이러한 사회적 분석을 나의 연구의 마지막 장(제6장)에 가서야 착수할 것이다. 그 대신 이 자리에서는 내가 지금까지 조심스럽게 내 앞에서 밀어 놓았던 문제에 관심을 돌리고자 한다. 바로 우리가 지금까지 발전시켜 온 인정의 우선성을 지지해 주는 논거들로부터, 인간이 자연환경 및 자기 자신과 맺는 관계에 대해서도 어떤 귀결이 도출될 수 있는가 하는 물음말이다.

내가 이 책의 제1장과 제2장에서 다룬 세 철학자들은 모두 자연과의 관계에 있어서도 공감의, 마음씀의 혹은 인정의 우선성이 말해질 수 있다는 견해였다. 우리가 보다 중립적인 태도를 취하기 전에 다른 사람들에 의해서 우선 감응되어야 하는 것과 마찬가지로, 물리적 환경세계 또한, 그것과의 보다 아주 객관적인 교류 전에, 그것의 질적 가치란 측면에서 먼저 개시되어야 한다는 것이다. 그러나 이러한 포괄적인 주장과는 다르게 내가 제3장에서 독립적 증거들로 끌어들인 이론들은 상호인격적인 세계에 관해서만 자신들의 진술을 한정하였다. 토마셀로와 홉슨뿐만 아니라 스탠리 카벨 또한 다른 사람과 관련해서만 동일시나 인정의 우선성에 대해 말하지, 인간이 아닌 생물이나 식물, 더욱이 물건과 관련해서는 그렇게 하지 않는다. 그런데 내가 여기서 루카치와의 연결 속에서 다시 소생시키고자 시도하는 "물화" 개념은, 사회세계만이 아니라 물리적 환경세계와 관련해서도 우리의 지각이 물화될 수 있다는 것을 고려할 것을 요구한다. 우리가 아직 단지 중립적으로 파악하고 외부 관점에서 지각한다면, 우리는 생활 속에서 일상적으로 접하는 물건들, 바로 그것들과도 더 이상 적절하게 관계하고 있지 않다는 것이다. 어렵지 않게 볼 수 있는 것처럼 이러한 직관이 나를 괴롭히는 것은, 내가 지금까지 "인정"에 대해 너무나 좁은 타당성 기준 위에서 말해왔기 때문이다. 다른 사람들에 대해서 인정의 우선성을 보존해야 한다는 것이 지금까지 내가 겨우 제시한 것이라면 자연의 물화라는 생각이 어떻게 정당화될 수 있겠는가?

이 자리에서도 나는 간단하게 루카치가 염두에 두었던 해결책을 취하지 않고 완전히 다른 길을 가고자 한다. 우리가 루카치의 길을 가고자 한다면 일단은, 우리가 자연에 대해서도 우선 항상 공감하는 자세를 취해야 한다는 것을 보여야 할 것이다. 이러한 증명은 우리가 이미 본 바와 같이 하이데거 혹은 듀이더불어 쉽게 제시될 수 있다. 두 사상가 모두, 서로 다른 방식이긴 하지만, 우리가 물리적 환경세계와 이론적으로 관계할 수 있기 전에, 우선은 그것이 질적 중요성에서 개시되어야 한다고 주장하기 때문이다. 그러나 루카치는 이를 넘어서 이러한 관점을 떠나는 것이 결국 자연을 가능한 한 객관적으로 파악하고자 하는 목표와 양립할 수 없다는 것을 증명해야 할 것이다. 왜냐하면 인정의 인식에 대한 범주적 우선성이 여기서도 주장될 수 있을 때만, 그는 마지막에 가서 자연을 도구적으로 다루는 것은 우리들의 사회적 실천의 필수적 전제에 반한다고 증명할 수 있을 것이기 때문이다. 오늘날 이러한 증명이 어떻게 제시될 수 있을 것인지 나는 알지 못한다. 자연의 객관화가 마음씀 또는 질적 경험의 우선성을 훼손시킬 것이라는 이러한 강한 테제를 위한 지지를 나는 하이데거와 듀이에게서 거의 보지 못한다. 이런 한에서 루카치가 외적 자연도 물화될 수 있다는 자신의 아이디어를 근거짓기 위해서 걸어간 직접적인 길은 우리에게는 아주 명백하게 닫혀 있다. 우리는 동물, 식물, 나아가 물건과 서로 인정하는 관계를 맺을 수 있는 가능성을 윤리적으로 환영할 만한 것으로 여길 수는 있을 것이다. 그러나 이런 규범적 선호로부터 그런 종류의 관계가 대체될 수 없다는 것을 지지하는 논거는 나오지 않는다. 이와 달리 루카치의 직관을 상호주관적 인정의 우선성이라는 우회로를 따라 계속 추구하는 것이 내게는 더 전망 있어 보인다. 여기서 나는 아도르노의 근원적 모방이라는 아이디어를 소개하며 내가 한 번 짧게 언급했던 고찰에 의존할 수 있다.

아도르노 또한 객관세계에 대한 인지적 접근은 중요한 준거인들과의 동일시를 통해서만, 그러니까 구체적 타자에 대한 리비도적 집중을 통해서만 가능하다는 생각을 전개하였다. 그런데 그가 이러한 발생적 논거로부터 추가로 얻어낸 귀결은 여기서 우리가 다루고 있는 물음을 해명할 수 있는 빛을 비춰준다. 그러니까 그의 견해에 따르면 그러한 동일시라는 전제조건은 단지 아이가 객체에 대한 태도를 객체 자체로부터 분리시키고, 이를 통해 자신 안에 점진적으로 독립적 세계라는 개념을 세워나간다는 것만을 의미하지 않는다. 나아가 아이는 자신이 편입되어 있다고 느끼는 사랑하는 사람의 관점을 계속해서 기억 속에 보존하면서, 그것을 그 사이 객관적으로 고정된 대상의 다른 측면으로 간주한다. 리비도적 에너지로부터 양분을 흡수하는 구체적 타자에 대한 이러한 모방은 대상에게 전이되는 셈인데, 대상에 그의 독립적인 실재성을 넘어 사랑하는 사람이 그 대상에게서 지각했던 의미요소들을 추가로 부여함으로써 그렇게 된다. 주체가 다른 사람들의 태도들을 리비도적 집중을 통해 하나의 동일한 대상에 보다 많이 결합시키면 시킬수록, 그 대상은 객관적으로 실재하면서도 마침내 보다 풍부한 측면을 주체에게 드러낸다. 이런 한에서 아도르노는 인간이 아닌 객체들에 대해서도 "인정"이 말해질 수 있다고 굳게 믿고 있었다. 그러나 이렇게 말하는 것은 그에게는 다른 사람들의 태도에서 연유하는 객체의 모든 특별한 측면과 의미들을 존중하라는, 단지 원용된 의미를 가질 뿐이었다. 어쩌면 우리는 아도르노의 이러한 결론을 훨씬 강하게 정식화하여 도덕과 인식의 내적 연관이란 의미에서 제시해야 하는지도 모르겠다. 다른 사람들의 개인성에 대한 인정은, 객체를 — 사람들이 그들 각자의 시야에서 그 객체와 결합시킨 — 모든 특별한 측면들에서 지각하라고 우리에게 요구한다고 말이다(Seel 2000). [3]

그러나 이렇게 규범적으로 첨예화시키는 것은, 우리가 아도르노의 도움을 얻어 자연 또한 "물화"되는 것이 가능하다는 생각을 재정식화하기 위해 실제로 필요로 하는 것을 훨씬 넘어선다. 우리가 아도르노의 숙고를 좇는다면 그와 연결된 아이디어를, 자연과의 상호교류에 관한 사변으로 되돌아갈 것 없이 정당화할 수 있는 기회가 생긴다. 인간 존재의 물화는, 내가 앞서 말한 것처럼, 그들을 앞서 인정했다는 사실을 시야에서 놓치거나 부인하는 것이다. 이제 아도르노와 더불어, 그러한 선행하는 인정은 객체를 인식할 때 인간 존재들이 그 객체에 부여한 의미측면들을 존중하는 것 또한 포함한다고 추가할 수 있다. 사태가 그렇다면, 그러니까 우리가 다른 사람의 인정과 더불어 그

---

3 이미 제4장 주 2에서 언급했듯이 나의 해석은 리비도적 충동의 인식 기여에 관한 아도르노의 사변을, 이러한 규범적 인식이론을 위한 설명토대로 여긴다는 점에서만 젤의 해석(Seel 2004)과 차이가 날 뿐이다.

사람의 주관적 생각과 느낌 또한 동시에 인정해야 한다면, 이제 우리는 별 어려움 없이 자연의 잠재적 "물화"에 대해서 말할 수 있다. 이것은 대상을 인식하는 과정에서 다른 사람들의 관점에서 그것들에 부여된 모든 추가적 의미측면들에 대해 주의를 상실하는 것을 의미할 것이다. 인간 존재가 물화되는 경우와 마찬가지로 여기서도 하나의 "특정한 종류의 "눈멂"(blindness)"이 인식에 작용하고 있다(James 1978). 우리가 동물·식물·물건을 — 그것들이 우리 주변의 사람들에게, 그리고 우리 자신에게 여러 실존적 의미를 갖고 있다는 것을 분명히 의식하지 못한 채 — 단순히 객체로서 확인하며 지각하고 만다는 것이다.

# 5   자기물화의 윤곽

지금까지의 논의에서 나는 루카치가 자신의 고전적 논문에서 "물화"라고 이름한 것의 두 측면을 인정이론적 고찰을 통해 재정식화하고자 했다. 거기서 분명하게 된 것은, 우리가 직접적인 의미에서는 오직 다른 사람과 관련해서만 "물화"에 대해서 말할 수 있는 반면, 외적 자연과 관련해서는 단지 간접적인 혹은 파생적 의미에서만 그에 대해서 말할 수 있다는 것이다. 물화는 다른 사람들과 관련해서는 그들을 앞서 인정한 것을 시야에서 잃어버린다는 것을 의미하는 반면, 객관세계와 관련해서는 우리가 앞서 인정했던 사람들에 대해 그 세계가 갖는 의미의 다양성을 놓쳐버린다는 것을 의미한다. 개념 사용방식에 있어 이러한 비대칭성은, "인정"이 다른 사람의 인식을 위해 필수조건인 것과 같은 방식으로 자연 인식을 위한 필수조건은 아니라는 점에서 생기는 것이다. 우리는 객관세계와 관련해서는 물화하는 태도를 — 그런 태도를 취한다고 해서 벌써 그 세계의 인지적 개시 가능성을 상실함 없이 — 취할 수 있는 반면, 다른 사람들은 그들에 대한 앞선 인정이 망각된다면 더 이상 "인격체"로 인지될 수조차 없다.[1] 그러므로 자연적으로 주어진 것, 그러니까 물건 혹은 인간 이외의 생물의 "물화"는, 우리의 사회적 생활세계의 재생산과 필수적으로 결부되어 있는 실천적 전제들을 훼손하는 것은 아니다. 이와 달리 우리가 다른 사람들에 대하여 물화하는 태도를 취한다면 그것은 바로 그렇게 하는 것이다. 그러나 그럼에도 불구하고 자연의 물화란 생각을 완전히 포기해야 하는 것은 아니며, 그래서 나는 인간 상호작용의 인정조건을 우리들이 자연세계와 맺는 관계의 차원 안으로 연장시킬 것을 제안하였다. 우리가 자연에 대해 단지 객관화하기만 하는 태도를 취한다고 해서 자연에 대한 인지적 관계의 실천적 조건을 훼손하는 것은 아니지만, 그러나 우리는 간접적 의미에서 다른 사람들과의 교류의 비인지적 조건을 훼손한다는 것이다. 왜냐하면 우리가 객관화하는 태도에서 다른 사람들이 그들의 자연 환

---

1 이것이 바로 "설명"과 "이해"의 고전적 대립 속에서 항상 확고히 유지되어 왔던 바로 그 차이라는 것은 의문의 여지가 없다. 대표적으로 Karl-Otto Apel 1979 를 참조.

경세계의 구성요소들에 앞서 부여한 실존적 의미들로부터 고개를 돌린다면, 우리는 그들에 대한 우리의 선행하는 인정을 "망각하는" 것이기 때문이다. 우리가 여기서 한 단계 높은 "인정 망각"에 대해 말할 수 있다는 것을 나는 주로 《미니아 모랄리아》에 등장하는 아도르노의 몇몇 사유를 지적함으로서 분명히 하였다. 인간의 " '눈멂'(*blindness*)"에 관한 자신의 유명한 에세이에서 윌리엄 제임스(William James)는 훨씬 더 설득력 있고 보다 직접적인 방식으로, 우리가 다른 사람들이 그들의 주변에 있는 사물에 부여한 실존적 의미를 무시한다면, 그것이 얼마나 그 사람들에게 부주의한 것이고, 나아가 그들을 무시하는 것일 수 있는지를 보여주었다(James 1978).[2]

그런데 루카치는 "물화"의 행태가 관찰될 수 있는 측면이 단지 둘이 아니라 셋이라고 한다. 사람들의 상호주관적 세계와 자연적으로 주어진 것들의 객관세계 외에 루카치는 내적 체험의 세계, 즉 심리작용(*mentale Akte*)의 세계를, 우리가 요구되는 공감의 태도 대신 한낱 관찰하는 자세에서 만날 수 있는 현상영역

---

2 대상이 인간에게 가질 수 있는 실존적 또는 심리적 의미에 관해서는 틸만 하버마스의 매혹적인 연구(Tilmann Habermas 1999)를 참조. 우리를 둘러싸고 있는 세계의 이러한 의미 다양성에 대한 부정이 바로 내가 여기서 자연 혹은 객관세계의 "물화"라고 부르는 것이다.

으로 이해했다. 루카치는 이러한 자기물화의 구조가 어떤 특성을 갖는지를 좀 더 정확히 서술하는 데 전체적으로 별로 노력을 기울이지 않는다. 그러나 자신의 "주체성", "기질" 그리고 "표현력"을 그때마다 예상되는 독자들의 이해관심에 맞추도록 강제되는 언론인들에 대한 루카치의 예시는(루카치 1992: 173), 아도르노 자신이 거의 25년이 지난 후에도 이를 자세히 인용할 만큼 분명하고 충분한 예시자료를 제공했다(아도르노 2005: 아포리즘 147). 물론 이 맥락에서 아도르노 또한 자기 자신에 대해 물화하는 관계의 구조가 구체적으로 어떻게 생각되어야 하는지에 대해 분명하게 말하고 있지 않다. 주체는 자신의 심리적 "속성"들을 "상황에 맞춰 적절히 투입"할 때 자신의 심리적 속성들을 "내부에 있는 객체"인 양 대한다고 설명하고는 있지만(아포리즘 147), 그러나 그렇다면 자신의 주체성에 대한 긍정적인, 물화시키지 않는 자세는 어떻게 그려질 수 있는가 하는 물음은 이를 통해서도 대답되지 않고 남아있다. 우리가 루카치의 물화 개념의 이 세 번째 복합물을 오늘날 다시 다루고자 한다면, 우리는 지금까지 해온 것처럼 자기관계와 관련해서도 마찬가지로 인정의 (필수적인) 우선성이 말해질 수 있는지 물어야 한다. 인간 주체는 자기 자신에 대해서도 하이데거가 말하는 것처럼 "우선 그리고 대체로"(*zunächst und zumeist*) 인정하는 태도를 취해야 하고, 그래서 한낱 인식하는 자기관계는 물화로, 그러므로 빗나

감(*Verfehlung*)으로 표시될 수 있다는 주장은 적절한가?

내 생각에 따르면 이 물음이 긍정적으로 답해지기 위해서 동원될 수 있는 다양한 이론적 열쇠들이 있다. 예를 들어 도널드 위니콧의 대상관계이론(*Objektbeziehungstheorie*)과 연결될 수 있는데, 위니콧은 유아가 어머니로부터 분리되는 과정에 대한 자신의 연구로부터, 개인의 정신적 건강은 자기 자신의 충동적 삶(*Triebsleben*)과 유희적·탐험적으로 교류하는 것에 달려있다는 결론을 끌어낸다(Donald Winnicott 1987; 호네트 1996: 172쪽 이하 참조). 여기서 자기관계의 이러한 탐험적 양상으로 생각되는 것은, 그 핵심에서 우리가 자기 자신에 대해 인정하는 태도에서 기대하는 것과 똑같은 속성을 갖고 있을 것이다(예를 들어 Honneth 2000b 참조). 자기관계에서 인정의 우선성 테제를 지지할 수 있는 다른 길은 그 동안 지나치게 적게 주목 받아온 아리스토텔레스의 "자신과의 우정"(*Selbstfreundschaft*)에 관한 고찰을 상기하는 것일 수도 있다(《니코마코스 윤리학》, 9권 4~8장). 여기서 성공적인(*gelingend*) 자기관계는 자신의 충동과 정념(*Affekt*)을 호의적으로 다스린다는 전제와 결부되어 있는데, 이것 역시 아마도 인정하는 자세에서 자신의 "내면"을 만나는 사람이 자기 자신과 관계하는 방식을 시사해주는 것으로 이해될 수 있을 것이다. 또 하나의 예를 들자면 마지막으로 페터 비에리가 최근에 자신의 의지를 "자기 것으로 만들기"(*Aneignung*)에 관해 수행한 고찰도 아마 끌어들여질 수 있을 것이다(Peter Bieri 2000: 10장). 비에리가 주장하는 것처럼 우리의 욕구와 느낌을 단순히 그대로 받아들이는 것이 아니라 그것들을 분명하게 표현함으로써 자기 것으로 만드는 것을 통해서만 우리가 진정한 의지의 자유에 이를 수 있다면, 이러한 자기 것 만들기 과정에서, 인정의 자기관계가 우리에게 요구하는 것에 대한 조감도가 그려질 수 있을 것이다.

물화되지 않은 자기관계가 어떤 것일지를 시사해주는 몇 가지 입장을 살펴보았는데, 그러나 이런 시도는 모두 우리가 "인정" 개념이 자기관계의 맥락 속에서 적절하게 사용될 수 있는 방식을 이미 알고 있다는 것을 전제한다. "인정"이란 표현의 전통적 장소는 사람들 사이의 상호작용이다. 그래서 일단 그 표현이 자기 자신과의 관계에서도 적용될 수 있는지는 매우 불분명하다. 이에 더하여 위에서 언급된 세 사유모델은 주로 규범적 혹은 윤리적 이상이란 의미에서 이해될 수 있는 반면, 여기서는 "인정하는" 자기관계의 우선성이 사회존재론적 의미에서 이해되어야 한다. 말하자면 물화가 주체의 자기 스스로에 대한 관계로까지 연장될 수 있다고 한다면, 이런 물화를 문제 있는 이탈로 납득될 수 있게끔 하는 "본래적"이고 정상적인 형식의 자기관계가 전제될 수 있어야 한다. 이러한 이유에서 개념적으로 유사한 표상을 곧장 움켜잡기보다 우선 사태 자체와 대결하는 것이 보다 적절해 보인다. 우리가 평소 우리의 욕구·느낌·의도에 관계하는 방식이 "인정" 개념을 통해 의미 있고 설득력 있게 서술될 수 있는지 말이다.

우선 반대되는 견해가 어떤 모습일지를 한 번 분명하게 해보는 것이 이러한 테제를 근거짓는 적절한 시작이 될 것이다. 널리 퍼져있는 생각에 따르면 주체의 자기관계는 우리가 이른바 객관 세계와 맺는 관계를 본(本)으로 해서 생각되어야 한다. 우리가 중립적 의도에서 인식함으로써 세계 내의 사물들에 주의를 돌리게 되는 것과 마찬가지로, 우리는 우리 자신의 욕구와 느낌에 대해서도 그러한 인식하는 자세로 다가가야 한다는 것이다. 말하자면 주체는 자신의 내면에서 일어나는 어떤 특정한 심리적 (mental) 사건을 등록하기 위해서 자기 자신에게로 돌아온다는 것이다. 데이빗 핀켈슈타인(David Finkelstein)은 최근 발표된 연구에서 자기관계의 이러한 모델을 "탐색주의적"(detektivistisch)이라고 불렀는데, 이는 부당한 것이 아니다. 여기서 주체는 탐정으로 여겨진다. 그는 자신의 욕구나 느낌을 자기 내면세계에서 탐색과정을 거쳐 찾거나 "발견"하기 때문에 자신의 욕구나 느낌에 대해 특권적 지식을 갖고 있다. 이에 따르면 상응하는 의도들이 주체에게 의식되기 전에 항상 이미 존재하고, 그것들을 의식하기 위해서 필요한 것은 단지 발견뿐이다(Finkelstein 2003: 1

장). 그런데 앞에서 루카치, 하이데거, 듀이의 고찰을 요약했을 때, 우리는 객관세계에 대해서 인식하는 관계가 우선이라는 생각이 얼마나 설득력이 없는지를 이미 보았다. 따라서 이로부터 이제 이러한 생각을 자기관계로 옮겨서 적용할 때 이 생각이 좀 더 그럴듯해지는가 하는 물음을 꺼내는 것은 매우 작은 걸음에 불과하다.

자기관계를 인지주의적으로 파악하고자 하는 시도가 맞닥뜨리게 되는 첫 시련은 "외적" 객체의 인식에 상응하기 위해서 주체의 내면에 인지기관을 가정해야 하는 필요성으로부터 생겨난다. "내면"으로 향한 인지행위가 좀 더 자세히 규정될 수 있다 하더라도 어쨌건 거기에는 항상 특별한 종류의 감각능력이 전제되어야 한다. 우리의 감각기관이 대상의 지각을 가능하게 하는 것과 마찬가지 방식으로 우리의 심리상태의 지각을 가능하게 하는 감각능력 말이다. "내면의 눈"이란 이런 표상에 대해 이미 오래 전부터 너무나 많은 설득력 있는 반대가 제출되었기 때문에, 여기서는 이를 대표해서 존 설(John Searle)의 무한후퇴 논거만을 언급하는 것으로 충분할 것이다. 우리가 우리의 심리상태를 내면으로 향한 지각행위를 통해 의식한다고 한다면, 그러한 행위는 다시 하나의 심리상태를 형성할 것이고, 그렇다면 우리는 이를 설명하기 위해서 보다 높은 수준의 지각행위를 동원해야 할 것인데, 이런 식의 설명은 결국 무한후퇴로 귀결될 것이다(Searle: 175쪽 이하). 그러나 자기관계를 인지과정과 등치시키는 것을 무척 의심스럽게 만드는 것은 내면의 지각기관을 가정해야 한다는, 이러한 모델 구상상의 강제만이 아니다. 이러한 견해의 두 번째 어려움은 또 이 견해가 우리의 체험에 대해서 갖는 그림이 현상학적으로 거의 수긍이 가지 않고 오히려 오도하는 것이란 사실에서 연유한다. 우리의 욕구와 느낌이 인지되어야 할 객체로 이해된다면 그것들은 객관세계의 실체가 갖고 있는 것과 같은, 다른 것과 분명히 구별되고 그 자체로 완결된 성격을 갖고 있어야 한다. 감정상태든 의도든, 그것들은 우리가 우리 자신에게로 되돌아와 그것들을 발견할 수 있기 전에 항상 이미 뚜렷한 윤곽을 갖고 존재한다는 것이다. 이와 같은 그림은 그러한 심리상태가 일반적으로 흐릿하고 거의 규정되지 않은 내용을 갖고 있어서 간단하게 확인될 수 없다는 사실에 맞지 않는다. 욕구와 느낌을 분명히 확인하는 것은 오히려 아직 불투명하고 불명확한 상태에, 뚜렷하게 윤곽이 그려진 의미를 부여할 수 있는 추가적 활동을 필요로 하는 것처럼 보인다. 이런 한에서 존재하는 사태를 발견하면 되는 인지행위를 본으로 삼아 자기관계를 생각하는 것은 문제가 있으며, 나아가 우리를 오도한다.

이러한 인지모델에 대항하여 별 어려움 없이 아직도 여러 반대들이 동원될 수 있는데, 이것들은 모두 심리상태가 우리에게 주어지는 고유한 방식과 관계되는 것 같다. 예를 들자면 우리의 욕구와 느낌은 분명한 시간 및 공간상의 지표를 통해 표시되기 힘든 것 같고, 그래서 벌써 그 때문에 그것을 시공간적으로 존재하는 객체처럼 이해하는 것은 거의 불가능하다.[3] 그러나 개인의 자기물화에 관한 납득할 만한 개념의 준비라는 목적을 위해서는 지금 제시된 두 가지 반대 논거로 충분할 것이다. 사물의 세계에 대한 인간의 관계가 한낱 인지로 이해될 수 없는 것과 마찬가지로, 주체의 자기 자신에 대한 관계 또한 심리상태에 대한 인지적 파악으로 이해될 수 없다. 그런데 이런 "탐색주의"(*Detektivismus*)에 반대해서 이미 일찍이, 아마 니체와 함께, 아주 다른 모델이 제안되었는데, 이 모델은 자기관계의 능동적(*aktiv*) 요소들에 주목한다. 그러나 이런 "구성주의적" 그림 역시 우리가 자기 자신과 인정하는 관계를 맺는 것이 우선적이라고 말할 때 염두에 두어야 하는 것과는 매우 다른 것을 겨냥하고 있다.

구성주의 — 데이빗 핀켈슈타인은 "*constructivism*"이 아니라 "*constitutivism*"이라는 표현을 쓰는데(Finkelstein 2003: 2장) —

---

3 파스칼 메르시어(페터 비에리의 필명)의 새로운 소설 《리스본행 야간열차》는 자기관계에 대한 인지모델에 반대하는 논거들의 보고이다(Pascal Mercier 2004).

는 탐색주의 인지모델이 설명하는 데 실패했던 자기관계의 독
특성으로부터 이점을 누린다. 우리는 우리의 심리상태에 관해
서 확실성과 권위를 갖고 말하지만, 그것의 내용에 관해서는
지각가능한 대상에 관한 지식과 같은 종류의 확실한 지식을 갖
고 있지는 않다. 이러한 비대칭성으로부터 구성주의는, 심리
상태란 그것의 성립에 우리가 스스로 능동적으로 참여하는 그
런 것임에 틀림없다는 결론을 끌어낸다. 상호작용 상대방에게
우리가 특정한 의도를 분명하게 표현하는 순간, 우리는 말하자
면 그러한 의도가 우리 안에 존재하도록 결정한다는 것이다.
우리가 매 순간 우리의 정서상태(Befindlichkeit)에 관해 확실히
알고 있지는 못하다는 곤란으로부터, 여기서는 구성적 성취라
는 덕이 만들어진다. 우리는 우리의 심리상태와, 갑작스런 결
정을 통해 그것들에 내용을 부여하면서 관계한다. 우리가 이어
서 행동으로 표현하는 내용 말이다. 인지모델에 비해 이러한
그림은, 내면의 지각능력을 전제하지 않아도 되고, 내면의 상
태를 객체와 비슷한 것으로 만들지 않아도 된다는 장점이 있
다. 그 대신 우리의 욕구와 느낌은 곧장 자유로운 의지결정의
산물로 호명되고, 따라서 해당 주체는 자신의 욕구와 느낌에
대해 전적으로 책임이 있는 것으로 나타난다.

　이 마지막 언급은 구성주의 또한 자세히 들여다보면 앞의 탐
색주의 만큼 곤란한 설명 상의 난점에 빠지고 만다는 것을 꿰

뚫어 보게 해준다. 우리의 자기관계가 내면으로 향한 지각행위라는 아이디어가, 내면상태의 비대상적 성격에 부딪혀 실패한다면, 구성주의적 그림은 그것의 단단하고 저항적인 성격에 부딪혀 실패한다. 우리가 내적으로 느끼는 감정들 중 어느 것도, 우리가 간단하게 이름 붙이는 행위를 통해 그것에 임의의 경험적 질을 부여할 수 있을 만큼 조형성을 갖고 있지 않다. 현상학적으로 말하자면 우리는 우리의 심리상태에 대해서 얼마만큼의 능동적 해석의 여지를 얻기 전에, 그러한 상태를 대부분 먼저 닥쳐오는 것(*Widerfahrnis*)으로, 그러니까 우리들이 거기에 수동적으로 내맡겨지는 감정으로, 욕구로, 의도로 만나게 된다(Schmitz 1993 참조). 구성주의가 주체에게 무한한 자기 속성 부여능력을 장착할 때 부정하는 것처럼 보이는 것이, 바로 우리들의 감정과 느낌의 이런 제한하는 성질이다. 우리가 우리의 심리상태를 스스로 산출하기 때문에 그것들과 친숙하다는 생각은 바로 이런 제한하는 성질에 부딪혀 좌초된다. 우리의 느낌과 감정에 대해 우리가 항상 어느 정도 해석을 통한 조형의 여지를 갖고 있긴 하지만, 이러한 능동적 조형의 공간은 수동적으로 내맡겨져 있는 완고한 나머지 부분에 의해 매우 좁게 한정되어 있다.

그러나 자기관계에 있어서 이렇게 수동적인 측면이 있다는 지적이 다시 인지모델로 향하도록, 그래서 내면의 느낌과 감정을 다시 독립적인 객체로 여기도록 우리를 오도해서는 안 될 것이다. 어쨌건 구성주의로부터 우리는, 내면의 상태는 그에 대한 의식으로부터 또는 그에 대해 말하기로부터 독립적으로 주어져 있는 것이 아니라는 통찰을 보존해야 한다. 통증은 해당 주체가 그것에 주의를 기울이는 한에서만 존재한다. 나는 욕구를, 내가 그것을 반쯤이라도 적절하게 표현할 수 있게 되었을 때 비로소 느끼게 된다. 구성주의의 잘못은 이러한 조건관계로부터 산출메커니즘을 만들어 낼 때 비로소 시작된다. 마치 고통에 대한 의식이 단독으로 고통 자체를 만들어 내기라도 하듯이, 우리의 욕구가 모두 언어적 표현행위로터 생겨난다는 듯이 말할 때 말이다. 어떤 것, 우리가 그것을 표현하고, 그것에 우리의 주의를 기울이는 그런 어떤 것이 있다는 사실이 벌써, 구성주의가 자신의 올바른 출발점에서 도출해내는 결론이 얼마나 어처구니없는지를 알게 해준다. 왜냐하면 수동적인 느낌의 자극이 없이는, 우리는 결코 정확하고 적절한 단어를 찾기 위해 주의를 기울이지 않을 것이기 때문이다. 그러나 이 모든 것이 이제 그러한 감각적 자극의 원천으로, 우리의 모든 개념적 선(先)역사(*Vorgeschichte*)로부터 자유로운, 그래서 제1자연의 조각처럼 우리에게 영향을 미치는 그러한 객체를 상정하는 것을 의미할 필요는 없다. 우리는 사회화과정에서 우리의 욕구와 느낌을, 언어적으로 공유하고 있는 생활세계의 내면적 구성요소로서 지각하도록 배웠기 때문에, 우리는 우리의 욕구 및 느낌들과 어느 정도 이미 친숙하다. 당연히 우리는 항상 반복해서 우리에게 완전히 낯설고 불투명하게 나타나는 심리상태들에 의해서 놀라기도 한다. 사회화과정에서 그것들을 언어화하는 방법을 배우지 못했기 때문이다. 그러나 사실적 비친숙성 또는 선행하는 탈상징화와 관계있을 이러한 경우에도(Lorenzer 1970 참조), 우리는 그러한 느낌과 감정에 대해 그것들의 낯설음을 이미 친숙한 것들의 지평을 통해 상쇄함으로써 보다 더 개시하고 좀 더 명확히 표현할 수 있는 자세를 취할 수 있다. 우리가 자기관계를 이런 본에 따라 생각한다면, 탐색주의와 구성주의 사이의 중간 길을 통해 한 모델이 제시되는데, 이 모델을 우리는 "표현주의"(*expressionism*)라고 부를 수 있을 것이다. 우리는 우리의 심리상태를 객체처럼 단순히 지각하지도 않고, 표명함을 통해 구성하지도 않는다. 그 대신 우리는 우리의 심리상태를 우리에게 내면적으로 이미 친숙한 것들을 기준으로 삼아 명확하게 표현한다. [4] 이런 독창적 방식으로 자기 스스로와 관계하는 주체는 자신의 느낌과 욕구를 분명하게 표현될 만한 가치가 있는 것으로 여겨야 한다. 이런 한에서 우리가 여기서도 선행하는 인정

---

[4] "중간 길"이라는 이런 아이디어도 나는 핀켈스타인에게게서 가져온다(Finkelstein 2003: 58쪽 이하).

의 필수성에 대해서 말하는 것은 잘 하는 것이다.

이러한 종류의 인정형식은 — 어떤 종류의 의사소통이든 그것
이 가능하기 이전에 인격체로서 항상 이미 받아들여져 있어야
하는 — 상호작용 상대방에게 해당되는 것이 아니다. 이 경우에
주제화되고 있는 것은 자신의 심리상태와 표현적 관계에 들어설
수 있기 위해서 주체가 스스로에게 미리 보여야하는 인정이다.
그러니까 주체가 자신의 욕구나 느낌을 일단 표현될 가치가 없
는 것으로 여긴다면, 주체는 자기관계에서 유지되어야 할, 자신
의 내면에 대한 접근통로를 찾을 수 없다. 최근 들어 자주 이런
종류의 자기 스스로에 대한 인정이, 하이데거의 개념체계에 상
응하여, "자기배려"(*Selbstsorge*)로 불린다(푸코 2004 참조). 이것
이 의미하는 것은, 주체는 자기 자신에 대해서도 우선 관여적인
염려(*Bekümmern*)의 자세를 취한다는 것이다. 하이데거가 사물
및 다른 사람들과의 교류에서 우리 현존재에게 특징적인 것으로
여겼던 그러한 자세 말이다. 이러한 자기와의 배려적 교류 안으
로 너무 많은 윤리적 노력이 투사되지 않는다면, 즉 자신의 욕구
나 느낌을 가치 있는 것으로 여기는 것에 담겨져 있는 윤리적 추
구 이상의 것이 투사되지 않는다면, 이것은 내가 여기서 자기 자
신에 대한 인정이라고 부르고 싶은 자세와 동일하다. 스스로와
표현적 자기관계에 들어설 수 있는 주체는, 자신의 심리적 경험
이 적극적으로 개시되고 분명하게 표현될 가치가 있다고 여긴다

는 의미에서, 자기 자신을 먼저 긍정해야 한다. [5] 자기 스스로에 대한 인정을 이렇게 규정하는 것은, 해리 프랑크푸르트가 자신의 최근 책에서 "자기사랑"(self-love)이라고 부른 것과 대략 일치한다(Harry G. Frankfurt 2004: 3장). 나 역시 프랑크푸르트와 마찬가지로 우리가 우리 자신을 우리의 욕구 및 의도와 일치시키고 그것들을 긍정하는 데에서 시작하여, 그로부터 자신의 근본적이고 본래적인 혹은 "2차" 의욕(second-oder volition)[*]을 발견하려는 노력이 저절로 자라나게 되는 그러한 종류의 자기관계를 전제한다. 우리가 우리 자신을 탐험하는 이런 과정에서 취하는 태도를 나는 여기서 "표현적"이라고 부른다. 그리고 짐작건대 해

---

5 자기긍정의 이러한 능력이 다시금 얼마나 다른 사람들이 나를 인정하는 것에 달려있는가 하는 것을 투겐트하트가 최근에 다시 한 번 강조하였다(Tugendhat 2003: 2장).

* 해리 프랑크푸르트에 따르자면 동물과 구분되는 인간의 고유한 특징 중 하나는 2차 욕구(second-oder desire)를 가질 수 있다는 것이다. 1차 욕구는 우리가 보통 직접 바라는 것, 욕구하는 것이다. 2차 욕구는 1차 욕구가 욕구의 대상이 되는 욕구이다. 그러니까 자신이 무엇을 욕구하기를 바라는 욕구이다. 프랑크푸르트 자신의 예가 우리의 이해를 도와줄 것이다. 자신의 중독상태를 끝내고 싶어하는 마약 중독자를 생각해보자. 그는 마약을 원한다. 그러면서도 그는 자신이 더 이상 마약을 원하지 않기를 바란다. 프랑크푸르트의 구분에 따르면 앞의 것은 1차 욕구이고, 뒤의 것은 2차 욕구이다. 사람에게 2차 욕구가 가능한 것은 사람들이 반성적 평가능력을 갖고 있기 때문이다. 인간은 자신의 욕구를 반성적으로 평가할 수 있다. 이로부터 2차 욕구가 생겨난다. 그런데 사람은 동시에 여러 2차 욕구를 가질 수도 있다. 이 여러 2차 욕구들 중에서 실제 행위로 이어지는, 행위효과를 갖는 욕구가 2차 의욕이다. 이 2차 의욕이 그 행위자의 정체성을 구성한다. Frankfurt 1988 참조.

리 프랑크푸르트와 달리 나는 더 나아가, 바로 이런 종류의 스스로에 대한 인정이, 프로이트가 자신의 정신분석이론에서 아주 자명한 것으로, 더 이상 이유가 물어질 수 없는 인간의 자기 자신에 대한 자세로 전제했던 바로 그것이라고 믿는다.

이러한 결론으로부터 이제 다시 우리의 원래 주제, 즉 루카치가 가능하다고 생각한 자기물화란 아이디어로 연결되는 다리를 놓기 위해서는, 앞에서 다루었던 자기관계의 두 모델에 대한 약간의 재해석만 있으면 된다. 지금까지의 논증에서 나는 탐색주의와 구성주의 모두, 인간 개인이 자기 자신과 맺는 관계를 규정하는 방식에 있어 결함이 있다고 가정해왔다. 우리가 우리의 감정이나 느낌을 간단하게 단지 인지할 수 있다는 생각도, 우리가 느낌과 감정을 자기에게 부여함으로써 그것들을 구성한다는 생각도, 우리에게 개인의 자기관계에 대한 적절한 그림을 매개해주는 데 적당하지 못하다. 그런데 우리가 이 두 모델을, 인간의 빗나간 자기관계에 대한 표지로 삼는 것을 방해하는 것은 아무 것도 없다. 아마 "이데올로기 비판적"이라고 이름붙일 수 있을 시각에서 볼 때, 탐색주의와 구성주의는 인간이 자신의 내면과 관계하는 본래의 양상이 아니라 결함있는 양상에 대한 적절한 묘사로 여겨질 수 있다. 이렇게 암시된 관점전환을 ― 인지과정을 본보기로 삼아 자기관계를 묘사하는 ― 탐색주의를 예로 삼아 납득시키기란 어려운 것이 아니다. 탐색주의가 의도하지 않은 채 윤곽을 그리고 있는 사회적 유형에 대해 생생한 인상을 얻기 위해서, 우리는 자기 자신의 욕구와 바람을 항상 고정된 것, 그래서 발견하고 관찰하면 되는 것으로 여기는 사람을 떠올려 보기만 하면 된다. 구성주의의 경우에도 사정은 다르지 않다. 우리는 구성주의가 묘사하는 모델도 특정한 사회적 유형에 대한 스케치로 쉽게 해독할 수 있다. 손익계산에 따라 제 3자에게 보여주는 느낌과 욕구가 정말 자기 것이라는 환상 속에서 살고 있는 사람에 대해 언급하는 것으로 여기서는 충분할 것이다. 이 두 예가 보여주고자 한 것은, 탐색주의와 구성주의가 윤곽을 그려놓은 유형과 무척 비슷한 자기관계의 형식을 우리가 충분히 떠올려 볼 수 있다는 것이다. 첫째 경우에 주체는 자신의 심리상태를 경직되고 고정되게 주어진 것으로 경험하는 반면, 둘째 경우에는 심리상태를 생산가능한 것으로, 그래서 그것의 성격을 상황에 따라 바꿀 수 있는 것으로 여긴다. 여기서 이렇게 정식화를 한 것은 우연이 아니라 자기물화 현상과의 연결을 쉽게 하기 위해서다. 탐색주의나 구성주의에 붙잡혀 있는 자기관계의 형식은, 이 두 경우 모두 내적으로 체험된 상태가 물적으로 주어진 객체란 본에 따라 파악되기 때문에, 자기 자신을 물화하는 과정이다. 두 유형 사이의 차이는, 자신의 감정과 느낌이 전자의 경우에는 내면에서 이미 완결되고 고정된,

그래서 발견하면 되는 대상으로 체험되는 반면, 후자의 경우에는 도구적으로 비로소 생산될 수 있는 것으로 여겨진다는 것뿐이다.

지금까지 말한 바에 따르면 루카치와 더불어 개인의 자기물화의 가능성에 대해서 말하는 것이 충분히 의미 있어 보인다. 여기서 자기물화란 자신의 느낌과 욕구를 물적 실체란 본보기에 따라 이해하는 경험의 형식을 의미한다. 오늘날의 문학은, 자기관찰의 순환에 사로잡혀 있거나, 전략적으로 적절한 동기나 욕구를 조형해내는 데 열과 성을 다하고 있는 사람들의 모습을 묘사하는 것으로 가득하다.[6] 오늘날 이러한 경향과 더불어 진행되고 있는 것이 정신분석 문화의 점진적 쇠락이다. 자신을 절대 조작하지 말고, 단지 관찰만 하지도 말고, 자기 스스로와 탐험적 관계에 들어서는 것을 사람들의 과제로 여기는 그런 문화 말이다(Lear 1996). 이렇게 자기물화 경향에 책임이 있는 것을, 우리는 지금까지의 고찰에 근거하여 아마 다시금 "인정 망각"이란 개념을 사용하여 가장 잘 서술할 수 있을 것이다. 관찰 또는 생산의 양상은, "주체"가 자신의 욕구와 느낌이 명확하게 표현되어 자기 것으로 만들어질 가치가 있다는 것을 망각하기

---

6 첫 번째 유형에 대표적인 것으로는 Hermann 1988, 두 번째 유형에 대표적인 것으로는 Röggla 2004를 참조할 것.

시작할 때만 비로소 개인의 자기관계 안에 자리 잡을 수 있다. 이런 의미에서 자신의 인성의 물화는 다른 인격체의 물화와 다름없이 선행하는 인정의 사실성에 대한 주의력 약화의 결과이다. 타자의 물화의 경우 우리가 다른 사람들을 앞서 항상 이미 인정했다는 사실을 시야에서 놓치는 것과 같이, 여기서도 우리는 우리가 우리 자신과 먼저 이미 항상 인정하는 자세로 만났다는 사실을 — 왜냐하면 이런 태도에서만 우리는 우리 자신의 정서상태에 대해 접근할 수 있기 때문에 — 망각하는 경향이 있다. 다시 말해서 욕구나 감정, 의도를 갖는다는 것이 도대체 무엇인지 알기 위해서, 우리는 이것들을 앞서 우리의 긍정할 만한 부분들로, 그래서 우리 자신에게 그리고 우리의 상호작용 상대방에게 납득시켜야 할 것으로 체험해야만 한다. 그리고 다른 사람을 인정하는 것이 그런 것처럼, 자기 자신의 이러한 인정도 단지 발생적 우선성만을 갖는 것은 아니다.

인정하는 자기관계의 이러한 기본 구조에서 이제 어렵지 않게 또 다른 측면들이 확인될 수 있는데, 이것들은 모두 내가 이 장의 처음 부분에서 다른 이론들을 지시하면서 언급했던 내용들이다. 위니콧이 자기 자신의 필요에 대한 창조적이고 유희적인 탐험에 대해 말할 때, 아리스토텔레스가 자기 자신과의 우정에 대해서, 비에리가 자신의 욕구와 바람을 자기 것으로 만드는 것에 관해서 말할 때 문제가 되고 있는 것은, 주체가 자신의 내면상태를 표현가능하고 그럴 만한 가치가 있는 자신의 부분으로 이해해야 하는 한, 자기 스스로에 대해 항상 보여야 하는 인정 방식의 추가적인 측면들이다. 이러한 선행하는 자기긍정이 망각될 때, 그것이 무시되거나 경시될 때, 자기 스스로에 대한 "물화"라고 묘사될 수 있는 자기관계의 형식이 등장할 수 있는 공간이 생겨난다. 왜냐하면 자신의 욕구와 느낌이 이제 수동적으로 고찰되거나 능동적으로 산출될 수 있는 물건 같은 객체로 경험되기 때문이다.

# 6 물화의 사회적 원천

물화라는 사회현상을 그것의 다양한 (상호주관적, 객관적, 주관적) 차원에서 인정 망각이란 사실로 소급하려고 시도하면서, 나는 지금까지 루카치의 분석의 핵심을 다루지 않고 놔두었다. 한낱 관찰하는 행동 유형이 지배적이 되고 있다는 사실을 루카치가 노동세계에서 보든, 자연과의 관계에서 보든, 혹은 사회관계에서 보든, 그의 모든 관찰은, 이 모든 물화현상에 대해 자본주의적 상품교환의 일반화 혼자서 책임을 져야 한다는 사회이론적 테제로 수렴된다. 주체가 자신의 사회적 상호작용을 우선적으로 경제적 상품교환의 형식으로 수행해야 한다는 강제 아래 들어서자마자, 이것이 루카치가 확신하는 바인데, 주체는 자신의 상호작용 상대자, 교환해야 할 재화, 그리고 자기 스스로를 물적 실체라는 본에 따라 지각할 수밖에 없고, 따라서 단지 관찰하는 태도로만 환경세계와 관계한다. 이렇게 간단 명쾌한 테제에 반대하는 하나의 유일한 핵심 논거를 제출하기란, 이 테제가 그 자체로 너무나 많은 문제요소들을 포함하고 있기 때문에 힘들다. 우리가 다른 사람을 앞서 인격체로서 인정했다는 것을 시야에서 놓치게 될 때에만 비로소 다른 사람을 "물화"하게 된다는 지금까지의 분석에 주의를 환기하는 것만으로도, 상품교환과 물화를 동일시하는 루카치의 주장이 얼마나 설득력이 부족한지 시사해 줄 것이다. 왜냐하면 경제적 교환에서 상호작용 상대자는 보통 적어도 법적 인격으로 현전하기 때문이다. 그러나 다른 한편 루카치는 자신의 테제로 물화과정에 대한 모든 분석이 중요한 도전으로 마주해야 할 과제를 언급하였다. 그러니까 물화하는 태도로의 경향이 단지 정신적 또는 문화적 발달과정으로 소급되어서는 안 되고, 그러한 경향을 유발하고 촉진하는 사회구조와 실천이 확인되어야 한다는 것이다. 아래에서 나는 세 가지 관점에서, 물화의 "사회적 병인학"(病因學, *soziale Ätiologie*) (누쓰바움)에 대한 예비적 고찰을 전개해 보겠다. 여기서 나는 앞에서 다른 사람에 대한 "인정 망각"의 가능한 원인들을 고찰할 때 일정 역할을 했던 몇몇 가정들에 의지할 수 있다.

## 1. 루카치 분석의 총체화하는 성격

루카치는 자본주의 시장사회가 마치 자동적으로 세 영역 모두에서 물화하는 태도의 일반화를 낳게 된다고, 그래서 결국에는 자기 자신을, 자연환경을 그리고 다른 모든 사람을 물화하는 주체들만이 서로 마주보며 서 있게 된다고 서술하였다. 그의 분석이 갖는 이런 총체화하는 성격은 일련의 개념적이고 사실적인 오류에서 기인한다. 나는 그것들 중에서 이 주제를 계속 다뤄 나가는 데 특별히 시사하는 바가 많은 잘못들만을 골라서 다뤄보고 싶다. 우선 개념적 측면에서 우리는 루카치가 사회관계의 탈인격화(Entpersönlichung) 과정을 물화과정과 동일시하는 무척 문제가 많은 경향을 갖고 있다는 것을 확인할 수 있다. 잘 알려져 있듯이 시장을 통해 매개되는 상호작용의 증가와 더불어 얼마나 상호작용 상대방에 대해 무관심해지는가 하는 것을 연구한 사람은 《돈의 철학》(Philosophie des Geldes)의 저자 게오르크 짐멜이다(Georg Simmel 1989: 특별히 4장). 여기서 무관심해진다는 것이 의미하는 바는, 사람들이 서로에 대해 돈에 의해 매개된 교환행위의 상대방으로서만 등장하면서, 곧 타자의 교환될 수 없는 고유한 속성들이 의사소통에서 의미를 상실한다는 것이다. 짐멜에 의해 분석된 이러한 "사실화"(Versachlichung) 과정을 루카치는 암암리에 사회적 물화과정과 동일시한다. 그 둘 사이의 중요한 차이를 적절하게 고려하지 않으면서 말이다. 왜냐하면 금전교류를 통해 "탈인격화된" 관계에서 타자는, 짐멜이 스스로 강조하고 있는 것처럼 (Simmel 1989: 397), 책임질 수 있는 교환상대자로 여겨질 수 있기 위해서, 고유한 속성까지는 아니더라도 일반적 인격적 속성을 가진 자로 현존해야만 하는 반면, 다른 사람을 물화한다는 것이 의미하는 것은 그 사람이 인간임 자체를 부정한다는 것이기 때문이다. 사회관계의 탈인격화가 그러므로 익명화된 타자를 인간 개인으로 기본적으로 인정하는 것을 전제한다면, 물화는 바로 이렇게 먼저 주어진 것의 부정 또는 "망각"을 그 내용으로 한다. 이런 한에서 게오르크 짐멜이 경제적 교환관계의 다양화에 힘입어 소극적 자유가 증가하는 것에 대한 대가로 묘사한 사회 관계의 "사실화"란 일반적 과정은 물화 과정과 동일시될 수 없다.

탈인격화와 물화의 동일시만큼이나 루카치의 범주체계에서 또 문제있는 것은, 물화의 다양한 차원들에서 일종의 필연적 통일성을 보려는 경향이다. 루카치가 세 측면의, 그러니까 다른 사람의·객체의·자기 자신의 물화 사이의 개념적 구분을 위해서 많은 노력을 하긴 했지만, 동시에 그는 이러한 형식들 중 하나의 등장은 필연적으로 나머지 두 형식까지 끌고 나오게 되어 있다는 가정을 당연하게 여기고 있는 것 같다. 물화형식들의 상호적 합주는 그에게는 경험적 문제가 아니라 개념적 필연성의 결과인 것이다. 이와 달리 우리의 분석은 적어도 간접적으로나마 물화의 여러 측면들 사이에 어떤 필연적 연관도 없다는 것을 보여주었다. 필연적 연관은, 다른 사람에 대한 인정 망각의 한낱 파생물로 이해되어야 하는 객관세계의 물화와 관련해서만 말해질 수 있다(이 책 88쪽 이하 참조). 객관세계의 물화와 자기물화는 필연적으로 서로를 함축할 필요가 없다. 다른 사람을 물화하는 것이 특정 형식의 자기물화를 초래하는지, 한다면 얼마나 하는지, 또는 반대로 자기물화는 항상 또한 다른 사람의 물화와 함께 가는지, 그렇다면 얼마나 그런지 하는 것은 흥미있는 물음이다. 그러나 결코 미리 대답될 수 있는 물음은 아니다. 어쨌건 그러한 함축관계가 밝혀질 수 있다면, 그러기 위해서는 보다 많은 분석이 필요하다.

루카치가 자신의 물화분석에서 제공하는 사회적 병인학의 세 번째 문제점은 그의 범주적 선(先)결정이 아니라 사실 혹은 논지와 관련된 선결정과 관련이 있다. 맑스를, 결국에는 토대-상부구조 테제를 계승하면서 루카치는 경제현상으로부터 사회 나머지부분에로의 직접적 영향과 결과를 추론해낼 만큼 경제영역에 많은 문화조형적 힘을 가정한다. 그래서 그는, 그가 원래 자본주의적 시장교류의 영역에만 고유한 것으로 확인했던 물화현상이 모든 사회적 삶의 영역을 감염시킨다는 가설을 당연한 것으로 받아들일 수가 있다. 물화의 총체화하는 경향을 설명하는 것은 전체사회의 "전반적 자본주의화"라는 공식 버전이긴 하다. 그러나 가족에 대해서도, 정치적 공론장에 대해서도, 부모-자녀 관계에 대해서도, 여가문화에 대해서도, 그것들이 실제로 자본주의 시장원칙을 통해 "식민지화"되고 있다는 설명을 루카치에게서는 그 싹이라도 찾아볼 수 없다. 그래서 경제적으로 설명되는 총체적 물화라는 그의 아이디어에는 — 그것이 탈인격화 과정과의 동일시에 기반하고 있기 때문에 그 자체로 이미 문제가 많은데 — 이제는 자의적인 요소까지 항상 달라붙어 있다.

마지막으로 네 번째, 물화에 대한 루카치의 사회학적 설명에서 눈에 가시 같은, 세 번째와 마찬가지로 논지와 관련된 문제도 경제영역의 특권화와 관련되어 있다. 우리가 루카치의 해당 논문을 80년이라는 시간적 간격을 두고 읽어보면, 우리는 오늘날 놀랍게도 루카치가 물화현상을 교환과정과의 긴밀한 연관 속에서만 언급한다는 사실을 확인할 수밖에 없고, 이는 매우 낯설게 느껴질 수밖에 없다. 그 사이 우리에게 물화하는 행동에 대한 훨씬 더 강한 증거로 통하는 모든 것, 즉 인종주의 혹은 인신매매 상의 잔인하고 야만적인 탈인간화(*Entmenschlichung*) 형식들이[1] 그에 의해서는 단 한번도 언급조차 되지 않는 것이다.

물화현상의 한 부류를 이렇게 완전히 생략한 것은 말하자면 우연적인 성질의 것이 아니다. 그러니까 루카치가 주의력이 모자라서 그러한 현상을 빠뜨렸거나 그런 사건을 전혀 지각할 수 없었던 것이 아니다. 이러한 생략은 오히려 체계적인 "눈멂" 때문이다. 경제적 강제만이 결국에는 사람들의 인간적 특성을 부정하는 데까지 몰고 갈 수 있다는 편견과 결부되어 있는 "눈멂" 말이다. 루카치는 특정 부류의 사람들 전체를 인간이 아닌 것으로 그래서 한낱 물건처럼 나타나게 하는 이데올로기적 확신의 영향력을 결코 고려할 만한 것으로 알고자 하지 않았다. 그의 시각은 지나치게 일면적으로, 행동을 주조하는 자본주의 상품교류의 영향력을 향해 있어서, 물화의 사회적 원천으로서 그 밖의 어떤 것도 지각할 수 없었다.

오늘날 루카치의 물화분석의 사회학적 설명틀로부터 완전히 작별할 것을 권하는 것처럼 보이는 것이 적어도 바로 이 네 가지 문제들이다. 자본주의적 시장교류의 제도적 확장이 동반하는 물화효과에 처음으로 주의를 환기시키고자 했다는 점에서 루카치는 옳았다. 그리고 이러한 맥락에서 그는, 우리가 다른 사람을 단지 상품처럼 여기고 다루게 되면, 다른 사람에 대한

---

1 이에 대해서는 아비샤이 마갈릿의 인상 깊은 분석을 참조할 것(Avishai Margalit 1996: 2부 6장).

우리의 앞선 공감과 인정을 다시 "망각"할 수밖에 없다는 사실에 주로 주목했다. 그러나 그의 아이디어는 개념적으로 그리고 논지에 있어 지나치게 상품교류와 물화의 동일성에 맞춰져 있어서, 포괄적이면서 동시에 정치한 분석을 위한 토대를 줄 수 없다.

## 2. 상호주관적 물화의 원천

물화에 대한 사회적 병인학을 바탕에서부터 다르게 구성하기 위해 필요한 첫 걸음들을 나는 앞에서 이미 언급하였다. 만약 모든 물화의 핵심이 "인정 망각"에 있다면, 물화의 사회적 원인은, 그러한 망각을 체계적으로 가능하게 하고 항구화하는 실천과 메커니즘에서 찾아질 수 있어야 한다. 그런데 여기서 전에는 적절하게 눈에 들어올 수 없었던 문제가 이제 추가된다. 다시 말해서 다른 사람의 물화와 자기물화가 필연적으로 같이 일어나는 것이 아니라는 사실로부터, 그 두 물화형식에 각각 별개의 원인이 있을 수 있다는 귀결이 나오는 것이다. 이 두 물화형식에서 문제되는 것은 항상 인정 망각이지만, 그 인정 망각의 성격은 많이 달라서, 그것들은 사회적 기원, 사회적 발생방식에 있어서도 아마 서로 다를 것이다. 그래서 나는 이제 물화의 가능한 사회적 발생 원인을 좀 더 정확하게 성격짓기를 시도하면서, 물화의 이 두 유형을 분리해서 다루겠다.

다른 개인들(혹은 다른 부류의 개인들)에 대해서 사람들은 이미 본 바와 같이(제4장 참조), 다음의 두 원인 중 하나에 의해 선행하는 인정을 시야에서 놓치게 될 때만, 물화하는 자세를 취할 수 있다. 타자에 대한 한낱 관찰이 자기목적이 되어 앞선 사회관계에 대한 모든 의식이 사라져버리는 그런 사회적 실천에 참여하거나, 또는 이러한 본래적 인정을 사후에 부정하도록 강제하는 그런 신념체계에 의해 행동이 이끌리도록 두거나 하면서 말이다. 두 경우 모두 앞서 직관적으로 지배적이던 것을 후에 다시 잊어버린다는 특징을 갖는다. 그러나 처음의 경우에는 그것을 유발하는 것이 특정한 실천의 수행임에 반해, 두 번째 경우에는 특정한 세계관과 이데올로기를 인수한 결과이다. 이런 한에서 우리는 두 번째 경우와 관련하여 여기서 물화는, 물화하는 신념체계의 한낱 습관적 파생물이라고도 말할 수 있다. 인정을 부인하는 힘이 특정 이데올로기의 내용으로부터 나오지, 특정 실천의 수행으로부터 비로소 산출되지는 않는다는 것이다.

루카치가 자본주의적 상품교환을 모든 물화형식의 사회적 원인으로 기술할 때 시야에 두고 있는 것은, 물화하는 자세가 일면화된 실천의 수행을 통해 생기는 경우만이다. 그런데 여기서 그는 이미 언급한 탈인격화와 물화 사이의 차이를 고려하지 않았을 뿐만 아니라, 경제적 교환에서 두 참여자의 법적 지위가, 단지 물화할 뿐인 자세 앞에서 서로를 보호해 준다는 사실 또한 무시하였다. 왜냐하면 타자는 비록 여전히 개인적 이익극대화의 관점에서만 고찰될 테지만, 타자를 교환계약 안으로 끌어들이는 것은, 그에게 비록 최소한에서 이긴 하지만, 그럼에도 그의 인격적 속성을 고려하도록 강제할 수 있는 보장을 주기 때문이다.[2] 법의 이러한 보호기능에서 우리는 결국 선행하는 인정의 사실성이 빈약하지만, 그런 만큼 보다 효과적으로 번역되는 것을 볼 수 있는데(대표적으로 Feinberg 1980: 143쪽 이하와 호네트 1996: 188~208 참조), 루카치는 근대 법제도 자체를 자본주의 경제체제의 물화 경향의 산물로 여겼기 때문에 법의 이런 기능을 적절하게 지각할 수 없었다. 그런데 이렇게 해서 드러난 연관관계는 역으로 다음과 같은 사실에 주의를 환기시킨다. 단지 물화할 뿐인 자세는, 순수하게 "관찰하는" 실천이 최소한의 인정을 보장하는 법에 더 이상 매여 있지 않으면 않을수록 항상 그

---

2 칸트가 결혼계약을 방어했던 것은 이러한 숙고에 기초하고 있다. 칸트는 결혼계약을 성관계에서의 쌍방적 물화의 위험에 맞설 수 있는 수단으로 생각했던 것이다. 이러한 구성의 강점과 약점에 대해서는 Herman 1995 참조.

개연성이 커진다는 것이다. 인간에 대해 순수하게 관찰, 등록 혹은 계산하는 실천이 법적 관계로 편입되지 않은 채 사람들의 생활세계적 맥락으로부터 자립화되는 모든 곳에서, 모든 상호 주관적 물화의 핵심으로 묘사된 선행하는 인정에 대한 무시가 생겨난다. 오늘날 인간 물화의 이러한 경향이 비춰지는 사회발 전의 영역은, 노동법에서 법적 실체가 점점 더 공허해지는 것에 서부터,[3] 아이들의 재능 잠재력을 유전자를 통해 측정하고 조 작하는 실천의 첫 번째 징조에 이르기까지 다양하다(Kuhlmann 2004). 이 두 사례에서는 선행하는 인정 경험의 부정을 지금까 지 막아왔던 제도화된 장벽이 무너질 위험이 도사리고 있다.

두 번째 경우에, 그러니까 다른 부류의 사람들을 명백하게 물화하는 신념체계가 작동하는 곳에서, 사회적 실천과 상호주 관적 물화의 관계를 규정하는 것은 언뜻 보기보다 어렵다. 이 경우에 주체가 선행하는 인정을 부정하게 되기까지 단지 그런 이데올로기를 넘겨받기만 하면 된다고 내가 앞에서 말했다. 그 러니까 이러한 사회적 물화과정은 (여성, 유태인 등을) 물화하는 전형화의 영향 아래에서 — 그에 상응하는 부류에 속하는 사람 들에게, 앞서 인정의 사회적 우선성에 근거하여 습관적으로 아 주 당연하게 인정되었던 — 인격적 속성들이 차후에 다시 박탈

---

3 이에 대해서는 Castel 2000이 훌륭하다.

되는 과정으로 생각되어야 한다는 것이었다. 그리고 실제로 일련의 인종주의 및 여성의 포르노적 재현에 관한 사회학적 설명 시도들이 또한 이런 식으로 짜여진 틀에 따라 진행된다. 그러나 이러한 접근방법에서는 어떻게 한낱 사유구성물 혹은 서술체계가, 앞서 친숙했던 사실을 차후에 뒤흔들어 사회적으로 단지 파편화된 채로만 남아있게 하는 힘을 가질 수 있는지가 전혀 분명하지 않다. 어쨌건 장-폴 사르트르가 자신의 "유대인 문제에 대한 고찰"에서 이미 보여준 것처럼, 인간 존재가 순수 지적인 방식으로, 다른 사회부류에 속하는 사람들의 인격적 속성을 고집스럽게 부인하는 데로까지 이끌려질 수 있다고 생각하기는 어렵다(Sartre 1994). [4] 따라서 아마 이 경우의 설명에서도 실천의 요소들을 고려하여, 일면화된 실천과 이데올로기적 신념체계의 상관적 합주로부터 출발하는 것이 보다 의미 있을 것이다. 다른 사람에 대한 한낱 거리두는 관찰과 도구적 파악은, 그것들이 물화하는 전형화를 통해 인지적 지원을 받으면 받을수록 보다 심화된다. 역으로도 마찬가지다. 물화하면서 전형화하는 묘사는, 그것들이 일면화된 실천에 알맞은 해석들을 제공함으로써 동기상의 양분을 획득한다. 이러한 방식으로 특정 부류에 속하는 사람들을, 그들에 대한 선행하는 인정을 다시금 부정함으

---

[4] 여성의 객체화를 "주지주의적"(主知主義的)으로 설명하는 것에 대한 사르트르의 비판만큼이나 설득력있는 비판은 Mackinnon 1987.

로써 "물건"처럼 다루는 행동체계가 형성된다.


## 3. 자기물화의 원천

다른 사람에 대한 인정 망각은, 자기 자신의 표현가능한 성격에 대한 부인의 형식을 띠는 인정 망각과 그 구조에 있어 무척 달라서, 물화의 이 두 형식에 대해 하나의 동일한 사회적 원인을 가정하는 것은 전혀 그럴듯하지 않다. 상호주관적 물화에 관해서도 자기물화에 관해서도 우리는 그것들이 예외적인 경우에만 주체에 의해 직접 의도되고, 따라서 일반적으로 특정 실천에의 참여를 통해 익명적으로 산출된다고 가정할 수는 있을 것이다. 그러나 그렇다고 해서 루카치가 아직 전제하고 있는 것처럼, 물화하는 태도로의 경향을 촉진하는 실천이 두 경우에 동일한 실천이라는 것을 의미하는 것은 아니다. 그렇다면 자기물화의 자세를 유발하는 속성을 가진 사회적 실천은 어떤 특성과 구조를 갖고 있을 것인가? 이 물음에 대답하는 것은 간단하지 않다. 그러나 나는 결론삼아 적어도 이에 대한 대답이 찾아질 수 있을 방향을 암시하고자 한다.

개인적 자기관계 또한, 내가 앞에서 보이고자 한 것 같이, 특수한 종류의 선행하는 인정을 전제한다. 그것은 우리가 우리의 욕구 및 의도를 표현될 필요가 있는, 우리 자신 스스로의 부분으로 이해할 것을 요구하기 때문이다. 이에 반해 자기물화의 경향은, 내 생각에 따르면, 우리가 우리의 심리적 느낌을 단지 관찰되어야 할 대상으로 보거나 또는 생산될 수 있는 대상으로 이해함으로써, 이러한 앞선 자기긍정을 (다시) 망각하기 시작할 때 비로소 항상 생겨난다. 따라서 이런 자기물화하는 태도의 원인을, 가장 넓은 의미에서 주체의 자기제시(*Selbstpräsentation*)와 관련된 사회적 실천에서 찾는 것은 당연하다. 모든 사회행위는 항상 행위자 자신의 욕구와 의도와 관련되어 있다고 얘기할 수밖에 없지만, 그러나 자기제시와 관련하여 기능적으로 충분히 제도화되어 있는 실천의 영역들이 확인될 수 있다. 제일 먼저 눈에 띄는 예만 나열하자면 면접시험, 특정한 서비스 제공 혹은 조직화된 파트너 소개 등이다. 자신을 공개적으로 제시하라고 개인에게 요구하는 이런 제도들의 성격은 매우 상이할 수 있다. 그에 상응하는 영역도 아마 아직 실험적 자기탐험을 위한 여지를 남겨두는 장치에서부터, 해당 인물들로 하여금 단지 특정 의도를 흉내내도록 독촉하기만 하는 제도화된 장치에 이르기까지 다양할 것이다. 그러니까 주체들이 마지막에 언급된 성격을 갖는 자기제시의 제도에 강하게 편입되면 될수록 개인의 자기물화 경향이 증가할 것이라는 것이 나의 추정이다. 잠재적으로 개인들로 하여금 특정 감정과 느낌을 소유하고 있는 척 하기를 강제하는, 또는 자신의 감정을 완결된 것으로 고정하도록 강제하는, 모든 제도화된 유무형의 장치는 자기물화하는 태도의 형성을 촉진한다.

면접시험과 마찬가지로 인터넷을 통한 파트너 찾기가 여기서 오늘날 이러한 발전방향을 띠고 있는 제도화된 실천의 예가 될 수 있다. 예전에는 면접시험이 적어도, 서류들이나 요구된 증명서들에 기초하여 응시자가 특수한 활동에 적합한지를 심사하는 기능을 가지고 있었던 반면, 노동사회학의 보고에 따르면 요사이 면접시험은 자주 매우 다른 성격을 띤다. 요즘의 면접시험은 응시자가 이미 획득한 자격과 능력에 관해 보고하도록 하는 대신, 응시자가 앞으로 어떻게 일할 것인지를 가능한 한 설득력 있고 효과적으로 시연해볼 것을 요구하기 때문에, 점점 더 판촉대화를 닮아가고 있다.[5] 과거에서 미래로의 이러한 관심 이동은 응시자들에게 일과 관련된 자신들의 태도와 느낌을, 미래에 산출해내야 하는 "대상" 같은 것으로 파악하는 관점을 강제할

---

5 이러한 발전경향에 대한 정보를 나는 프랑크푸르트대학 사회연구소(Institut für Sozialforschung an der Goethe-Universität Frankfurt am Main)에서 독일 학술재단이 재정 지원하는 면접시험의 구조변화에 대한 프로젝트를 진행하고 있는 슈테판 폴스빈켈(Stephan Voswinkel)로부터 얻었다.

것이 거의 확실하다. 주체가 그런 연출기대에 자주 노출되면 될수록 자기 자신의 모든 욕구와 의도를 마음대로 조작할 수 있는 물건으로 경험하는 경향이 발전될 것이다. 이와 달리 자신의 느낌과 감정을 단지 수동적으로 관찰되고 등록되기만 하면 되는 것으로 여기는 자기물화의 방향을 가리키는 실천들은 오늘날 파트너 찾기의 수단으로 인터넷이 이용되면서 생겨났다. 여기서 표준화된 파트너 찾기 방식은 인터넷 이용자들로 하여금 우선 자신의 속성들을 이를 위해 마련된 수치화된 난에 기입하도록 강제한다. 이를 통해 속성들이 충분히 겹쳐진다고 확인되면 그들은 컴퓨터를 통해 선택된 쌍으로서 짧은 시간 간격을 두고 이메일로 그들의 감정을 서로 교환하도록 촉구된다. 이러한 길을 통해 자기의 욕구와 의도가 더 이상 인격적 만남의 빛에 비추어 표명되지 않고, 가속화된 정보처리라는 기준에 따라서만 파악되며, 이른바 시장화될 수밖에 없는 자기관계의 형식이 촉진될 것이라는 것을 그려보기 위해서는 별로 큰 상상력이 필요하지 않다(Jagger 1998 참조).

그러나 이러한 예가 예측적 진술과 혼동되어서는 안 된다. 여기서 든 예는 사회적 실천이 물화하는 태도의 형성을 촉진할 수 있는 길들을 마지막으로 좀 더 손에 잡히게 보여주고자 한 것이다. 결코 물화과정의 실제 출현을 설명하고자 하는 경험적

예측이 아니다. 그러니까 이러한 사변이 밝힐 수 있는 것은 사실적 발전이 아니라 가능한 변화의 논리이다. 그러나 마지막에 제시된 고찰이 갖는 이러한 독특한 위상으로부터, 여기서 시도된 나의 전체 작업의 의도와 관련된 결론이 도출될 수 있다. 지난 30여 년간 사회비판은, 사회가 특정 정의 원칙을 만족시키는가를 기준으로 삼아 사회의 규범적 질서를 측정하는 데 자신을 한정해왔다. 그런 기준을 근거짓는 데 있어서의 모든 성공에도 불구하고, 바탕에 놓여져야 하는 관점들의 모든 분화에도 불구하고, 이런 사회비판은, 사회가 일반적으로 타당한 정의 원칙들의 훼손 외에 다른 의미에서도 규범적으로 실패할 수 있다는 사실을 시야에서 놓치고 말았다. 아마 앞으로도 "사회병리"(*soziale Pathologien*) 란 개념으로 가장 잘 표시될 수 있을(Honneth 2000a) 이러한 빗나감들을 진단·설명하기 위해서 요즘 사회비판 내부에서는 단지 이론적 관심만 부족한 것이 아니라 반쯤 그럴듯한 기준조차 마련되어 있지 않다. 민주적 사회들이 자신들의 사회적 정치적 질서를 우선적으로 정의 기준에 비추어 검토한다는 사실이 지적된다고 해도 사회비판의 이러한 폭좁음은 정당화될 수 없다. 민주적 공론장에서 항상 반복해서 토의되는 주제들과 도전들은, 해당 사회를 다음과 같은 물음 앞에 세우기 때문이다. 그 사회의 특정한 발전들이 모든 정의론적 고려를 넘어서 일반적으로 바람직하다고 여겨질 수 있는가 하는 물음말이다. 자주 "윤리적"(ethisch)이라고 명명되는 이러한 물음에 대한 대답에서 철학적으로 고취된 사회비판은 당연히 어떠한 불가침의 해석적 권위를 내세울 수는 없다. 그러나 있을 수 있는 변화의 논리에 대한, 사회학적으로 뒷받침되는 지적을 통해 철학적 사회비판은 외부에서 공론장의 토의에 좋은 근거들을 공급할 수 있으며, 이를 통해 토의를 자극하는 데 기여할 수 있다. 루카치의 물화 개념을 인정이론적으로 재정식화해보고자 한 나의 시도는 이러한 과제설정에서 유래한다. 이 글은 우리 사회가 루카치가 80여 년 전에 불충분한 수단을 가지고, 지나치게 과장된 일반화 속에서 예견했던 그러한 발전경로를 취할 수도 있겠다는 우려 없이 쓰이지 않았다.

# 참고문헌

골드만, 뤼시엥 1990, 《루카치와 하이데거》, 황태연 옮김, 도서출판
　　까치.

루카치, 게오르크 1992〔1923〕, 《역사와 계급의식》, 박정호·조만영
　　옮김, 기획출판 거름.

_____ 1967, "서문", 수록: 루카치 1992, 7~44쪽.

맑스, 칼 2002, 《자본론 I (상)》(제2개역판), 김수행 옮김, 비봉출
　　판사.

아도르노, 테오도르 2005, 《미니마 모랄리아》, 김유동 옮김, 도서출
　　판 길.

아리스토텔레스 1984, 《니코마코스 윤리학》(수정판), 최명관 옮김,
　　서광사.

푸코, 미셸 2004, 《성의 역사 3: 자기배려》, 이혜숙·이영목 옮김,
　　나남출판.

하버마스, 위르겐 2006a, 《의사소통행위이론 1: 행위합리성과 사회

합리화》, 장춘익 옮김, 나남출판.

_____ 2006b, 《의사소통행위이론 2: 기능주의적 이성비판을 위하여》, 장춘익 옮김, 나남출판.

하이데거, 마틴 1998〔1927〕, 《존재와 시간》, 소광희 옮김, 경문사.

호네트, 악셀 2014, 《인정투쟁: 사회적 갈등의 도덕적 형식론》, 문성훈·이현재 옮김, 사월의 책.

Adorno, Theodor W. 1973, *Negative Dialektik*, in: Gesammelte Schriften 6, Frankfurt am Main: Suhrkamp.

Anderson, Elisabeth 1993, *Value in Ethics and Economics*, Cambridge, Mass: Harvard University Press.

Apel, Karl-Otto 1979, *Die "Erklären: Verstehen"-Kontroverse in Transzendentalpragmatischer Sicht*, Frankfurt am Main.

Arato, Andrew & Breines, Paul 1979, *The Young Lukács and the Origins of Western Marxism*, New York: Seabury Press.

Bieri, Peter 2001, *Das Handwertk der Freiheit*, München, Wien: Carl Hanser Verlag.

Brodkey, Harold 1989, "Innocence", in: *Stories in an Almost Classical Mode*, New York: Vintage.

Carver, Raymond 1992, *Will You Please Be Quiet, Please?*, New York: Vintage Books.

Castel, Robert 2000, *Die Metamorphosen der Sozialen Frage. Eine Chronik der Lohnarbeit*, Konstanz Universität Verlag.

Cavell, Marcia 1993, *The Psychoanalytic Mind. From Freud to Philosophy*, Cambridge, Mass: Harvard University Press.

Cavell, Stanley 1976, *Must We Mean What We Say?* Cambridge: Cambridge University Press.

_____ 1976a, "Knowing and Acknowledging", in: Cavell 1976, pp. 238~266.

_____ 1976b, "The Avoidance of Love: A Reading of *King Lear*", in: Cavell 1976, pp. 267~356.

Cerutti, Furio 1971, *Geschichte und Klassenbewußtsein Heute. Diskussion und Dokumentation*, Amsterdam: Verlag de Munter, (Schwarze Reihe Nr. 12).

Dannemann, Rüdiger 1987, *Das Prinzip Verdinglichung. Studie zur Philosophie Georg Lukács*, Frankfurt am Main: Sendler.

Demmerling, Christoph 1994, *Sprache und Verdinglichung. Wittgenstein, Adorno und das Projekt der kritischen Theorie*, Frankfurt am Main: Suhrkamp Verlag.

Dennett, Daniel C. 1987, *The Intentional Stance*. Cambridge, Mass: MIT Press.

Dewey, John 1930, "Qualitative Thought", in: *Later Works*, Vol. 5, pp. 243~262.

_____ 1926, "Affective Thought", in: *Later Works*, Vol. 2, pp. 104~110.

_____ 1958, *Experience and Nature*, New York: Dover.

_____ 1960, *The Quest for Certainty*, New York: Capricorn Books.

Dornes, Martin 2005, "Die Emotionalen Ursprünge des Denkens", in *WestEnd, Neue Zeitschrift für Sozialforschung*, 2. Jg., H. 1, S. 3~48.

Dreyfus, Hubert L. 1991, *Being in the World. A Commentary on Heidegger's Being and Time, Division I*. Cambridge, Mass: Harvard University Press.

Feinberg, Joel 1980, "The Natur and Value of Rights", in: *Rights*,

*Justice, and the Bounds of Liberty. Essays in social Philosophy*, Princeton.

Fink-Eitel, Hinrich & Lohmann, Georg 1993, *Zur Philosophie der Gefühle*, Frankfurt am Main: Suhrkamp.

Finkelstein, David 2003, *Expression and the Inner*, Cambridge (Mass.).

Frankfurt, Harry G. 1988, "Freedom of the Will and the Concept of a Person", in: *The Importance of What We Care About*, New York: Cambridge University Press, pp. 11~25.

_____ 2004, *The Reasons of Love*, Princeton University Press.

Habermas, Jürgen 1984, "Was heißt Universalpragmatik?", in: *Vorstudien und Ergänzungen zur Theorie des kommunikativen Handelns*, Frankfurt am Main: Suhrkamp.

_____ 1988, "Individuierung durch Vergesellschaftung. Zu George H. Meads Theorie der Subjektivität", in: *Nachmetaphysisches Denken*, Frankfurt am Main: Suhrkamp.

Habermas, Tilmann 1999, *Geliebte Objekte. Symbole und Instrumente der Identitätsbildung*, Frankfurt am Main: Suhrkamp.

Hammer, Espen 2002, *Stanley Cavell. Skepticism, Subjectivity and the Ordinary*, London: Polity Press.

Heidegger, Martin 2002[1924], *Grundbegriffe der Aristotelischen Philosophie*, in: Gesamtausgabe, II. Abteilung, Bd. 18. Frankfurt am Main.

Herman, Barbara 1995, "Ob es sich lohnen könnte, über Kants Auffassungen von Sexualität und Ehe Nachzudenken?", in *Deutsche Zeitschrift für Philosophie*, 43. Jg. H. 6, S. 967~988.

Hermann, Judith 1998, *Sommerhaus, Später*. Erzählungen, Frankfurt am Main.

Hochschild, Arlie Russel 1990, *Das Gekaufte Herz. Zur Kommerzialisierung der Gefühle*, Frankfurt am Main.

Hobson, Peter 1993, *Autism and the Development of the Mind*, Hove, Hillsdale: Psychology Press.

_____ 2002, *The Cradle of Thought. Exploring the Origins of Thinking*, Oxford: Oxford University Press.

Honneth, Axel 1989, *Kritik der Macht*, (Tb-Ausgabe) Frankfurt am Main: Suhrkmap.

_____ 2000, *Das Andere der Gerechtigkeit. Aufsätze zur praktischen Philosophie*, Frankfurt am Main: Suhrkamp, 《정의의 타자》, 나남출판.

_____ 2000a, "Pathologien des Sozialen", in: Honneth 2000, S. 11 ~69.

_____ 2000b, "Dezentrierte Autonomie. Moralphilosophische Konsequenzen aus der Subjektkritik", in: Honneth 2000, S. 237~254.

_____ 2003, *Unsichtbarkeit: Stationen Einer Theorie der Intersubjektivität*, Frankfurt am Main: Suhrkamp.

_____ 2003a, "Unsichtbarkeit. Über die Moralische Epistemologie von Anerkennung", in Honneth 2003, S. 10~27.

_____ 2003b, "Erkennen und Anerkennen. Zu Sartres Theorie der Intersubjektivität", in: Honneth 2003.

_____ 2004, "Eine Soziale Pathologie der Vernunft. Zur Intellektuellen Erbschaft der Kritischen Theorie", in: Christoph Halbig & Michael Quante (Hg.), *Axel Honneth: Sozial-*

*philosophie zwischen Kritik und Anerkennung*, Münster: LIT, S. 9~32.

Houllebecq, Michel 1999, *Extension du Domaine de Lutte*, Paris: J'ai Lu. 〔독일어본: *Ausweitung der Kampzone*, Berlin.〕

Jaeggi, Rahel 2005, *Entfremdung: Zur Aktualität Eines Sozialphilo-sophischen Problems*, Frankfurt am Main: Campus Verlag.

_____ 1999, "Der Markt und Sein Preis", in: *Deutsche Zeitschrift für Philosophie*, H. 6, S. 987~1004.

Jagger, Elizabeth 1998, "Marketing the Self, Buying an Other: Dating in a Post-modern Consumer Society", in: *Soci-ology. Journal of the British Sociological Association*, Jg. 32, H. 4, S. 795~814.

James, William 1978, "On a Certain Blindness in Human Beings", in: McDermott, John (Ed.), *The Writings of William James: A Comprehensive Edition*, Chicago: University of Chicago Press, pp. 629~644.

Jay, Martin 1984, "Georg Lukács and the Origins of the Western Marxist Paradigma", in: *Marxism and Totality. The Adven-tures of a Concept from Lukács to Habermas*. Cambridge, Mass: Harvard University Press, Ch. 2.

Jelinek, Elfriede 1983, *Die Klavierspielerin*, Reinbek bei Hamburg.

Kuhlmann, Andreas 2004, "Menschen im Begabungstest. Mut-maßungen über Hirnforschung als soziale Praxis", in: *WestEnd. Neue Zeitschrift für Sozialforschung*, H. 1, S. 143 ~153.

Lear, Jonathan 1996, "The Shrink is in", in *Psyche*, 50. Jg., H. 7, S. 599~618.

Lorenzer, Alfred 1970, *Sprachzerstörung und Rekonstruktion*, Frankfurt am Main.

Löwy, Michael 1979, *Georg Lukács: From Romanticism to Bolshevism*, Translated by Patrick Camiller. London: NLB.

Lohmann, Georg 1991, *Indifferenz und Gesellschaft. Eine Kritische Auseinandersetzung mit Marx*, Frankfurt am Main: Suhrkamp.

MacKinnon, Catharine 1987, *Feminism Unmodified*, Cambridge (Mass.).

Margalit, Avishai 1996, *The Decent Society*, Cambrige (Mass.): Harvard University Press, 《품위있는 사회》, 신성림 옮김. 도서출판 동녘.

Matzner, Jutta (Hg.) 1974, *Lehrstück Lukács*, Frankfurt am Main.

Mercier, Pascal (Peter Bieri) 2004, *Nachtzug nach Lissabon*, München, Wien, 《리스본행 야간열차》, 전은경 옮김, 동녘.

Neuhouser, Fred 1990, *Fichte's Theory of Subjectivity*, Cambridge: Cambridge University Press.

Nussbaum, Martha 2002, "Verdinglichung", in: *Konstruktion der Liebe, des Begehrens und der Fürsorge. Drei philosophische Aufsätze*, Stuttgart: Reclam, S. 90~162. 〔영어본: "Objectification", in: *Sex and Social Justice*, Oxford, New York: Oxford University Press, 2000, 8장〕.

Röggla, Kathrin 2004, *Wir schlafen nicht*, Frankfurt am Main.

Sartre, Jean-Paul 1993, *Das Sein und das Nichts. Versuch Einer Phänomenologischen Ontologie*, Reinbeck bei Hamburg: Rowohlt.

_____ 1994, "Überlegungen zur Judenfrage", in: *Überlegungen zur Judenfrage*, Reinbeck bei Hamburg: Rowohlt, S. 9~91.

Scheuermann, Silke 2005, *Reiche Mädchen. Erzählungen*, Frankfurt am Main: Schöffling und Co.

Schmitz, Hermann 1993, "Gefühle als Atmosphäre und das Affektive Betroffensein von Ihnen", in: Fink-Eitel, Lohmann 1993.

Searle, John 1994, *The Rediscovery of the Mind*, The MIT Press.

Seel, Martin 2004, *Adornos Philosophie der Kontemplation*, Frankfurt am Main: Suhrkamp.

Simmel, Georg 1989, *Philosophie des Geldes*, in: Gesamtausgabe, Bd. 6, Frankfurt am Main: Suhrkamp.

Taylor, Charles 1995, "Explanation and Practical Reason", in: *Philosophical Arguments*. Cambridge, Mass.: Harvard University Press, pp. 34~60.

Tomasello, Michael 1999, *The Cultural Origins of Human Cognition*, Cambridge, Mass: Harvard University Press.

Tugendhat, Ernst 2001, "Schwierigkeiten in Heideggers Umweltanalyse", in: *Aufsätze 1992~2000*, Frankfurt am Main: Suhrkamp, pp. 109~137.

_____ 2003, *Egozentrizität und Mystik. Eine Anthropologische Studie*, München: C. H. Beck.

Wilkinson, Stephan 2003, *Bodies for Sale: Ethics and Exploitation in the Human Body Trade*. London: Routledge.

Winnicott, Donald 1989, *Vom Spiel zur Kreativität*, Stuttgart.

이른바 "돌진적" 산업화를 추구하던 1970년대가 아니라 세계 10대 경제대
국이 되었다는 2006년 서울. 365일 24시간, 글자 그대로 연중무휴 영업하
는 매장과 가게들이 심심찮게 눈에 띄며, 그것도 점점 늘어나는 추세다.
대형 매장만이 아니라 조그만 김밥 가게까지 그렇다. 24시간까지는 아니
더라도 토요일, 일요일도 없이 매일 늦게까지 문을 여는 가게가 대다수다.
주변을 둘러보면 생산직이나 서비스직에 종사하는 사람들만이 아니라 사
무직 노동자인 사람들도 매일 밤 9시, 10시까지 야근하는 것은 보통이고,
분명히 규정되어 있는 휴가도 실제로는 제대로 활용하지 못한다. 강한 노
동통제가 이루어지는 대규모 서비스 사업장에서는 듣기에도 민망한, 거의
비굴하기까지 한, 영혼 없는 과잉친절이 제공되는 반면, 일상의 상호작용
에서는 말 한마디 하기도 힘든 듯한 지친 얼굴로 서로를 귀찮아하고, 그
런 중에도 혹 뒤처질세라 경쟁에 몰두한다. 한때 "우리는 기계가 아니다"
라고 크게 외치며 싸우기도 했는데, 그렇게 싸워 정치적 절차적 민주주의

를 어느 정도 궤도에 올려놓은 지금, 실정법은 없는 사람들에게는 더 무서운 법이 되어, 정해진 것보다 조금 더 크게 우리도 사람대접을 받아야겠다고 몸부림치면 사회적 지탄과 더불어 과잉진압, 강제해산, 연행, 구속, 손해배상청구에 이르기까지 그 대가는 끈질기고 철저하다. 신자유주의라는 광풍은 현실에서는 도전하기 힘든 권위가 되어, 우리는 그 앞에 주눅 들어 우리가 감정도 느낌도 없는 물건이 아니라고 감히 입 밖에 내지 못하고, 아직 잘리지 않고 혼자라도 겨우 살아남아 있음을 다행으로 여긴다.

사람을 물건처럼 다루고, 사람들 사이의 관계가 물건들 사이의 관계같이 되어버렸다고 우리가 일상생활에서 가끔 문득 갖게 되는 이러한 느낌과 직관을 사회비판을 위해 처음으로 사회이론적으로 활용한 사람이 맑스이고, 이 직관에 "물화"(物化, Verdinglichung)라는 이름을 부여하고 이론적 언어로 다듬은 사람이 루카치이다. 이 개념은 한때 자본주의 비판의 빠질 수 없는 한 요소였는데, 몇십 년이 지난 지금 이론언어의 지위를 상실하고 잊혀져, 일상언어 속에서 혼자 중얼거리는 하소연이나 한탄으로 겨우 명맥을 유지하고 있는 것처럼 보인다. 그런데 악셀 호네트는 이 책에서 조금은 뜻밖에도 시든 배춧잎 같던 이 개념을 인정(認定)이론적으로 해석하여 사회비판을 위해 싱싱하게 만들고자 한다.

악셀 호네트는 위르겐 하버마스를 뒤이어 현재 프랑크푸르트학파를 대표하는 독일의 사회철학자다. 콘스탄츠 대학과 베를린 대학을 거쳐, 1996년부터 하버마스 후임으로 프랑크푸르트 대학에서 철학을 가르치고 있다. 2001년부터는 프랑크푸르트학파의 산실인 사회연구소(Institut für Sozialforschung)의 소장직을 맡아, 분과학문의 경계를 넘어 경험적으로 뒷받침되는 규범적 사회비판이라는 프랑크푸르트학파의 전통을 발전적으로 이어가기 위해 힘쓰고 있다.

그가 스스로 인정하듯이 그의 "지적 성장과정에서 하버마스의 중요성은 결코 과소평가될 수 없다"(《인정투쟁》 머리말). 그러나 그는 동시에 자신을 "이제 어른이 된 제자"라고 표현한다. 자신은 "배신자이거나 살부(殺父)를 감행한 사람"은 아니지만, "아버지의 그늘에서 성장한, 그러나 자립적 사고를 감행한 그의 아들"이라는 것이다. 그래서 그는 자신의 이론을 하버마스 이론의 "보완 확장"이 아니라 "계승 발전"으로 이해하고자 한다.*
이러한 그의 말처럼 그는 《권력 비판》(*Kritik der Macht*)에서, 호르크하이머와 아도르노가 함께 쓴 《계몽의 변증법》의 정신을 잇는 사회비판이론의 모델로 미셸 푸코의 투쟁 모델과 하버마스의 의사소통 모델을 확인하면서 두 모델의 매개가 필요하다고 암시하였고, 찰스 테일러, 리쾨르 등으로부터 "획기적인(bahnbrechend) 연구"라는 평가를 얻은 자신의 주저 《인정투쟁》에서, 사회갈등의 요소를 충분히 고려하지 못하고 있다고 생각하는 하버마스의 모델에, 청년 헤겔의 "인정투쟁" 개념을 통해 갈등이론적 형태를 부여함으로써 미셸 푸코의 사회이론적 성과를 의사소통이론적 틀 안으로 통합하려고 하였다.

《인정투쟁》 이후 그는 인정 개념을 사회·도덕·정치철학적으로, 그리고 심리학적·정신분석학적으로 풍부하게 만드는 데 많은 노력을 기울였는데, 가장 최근의 책인 이 책에서 그는 인정 개념을 사회존재론적으로 다시 한 번 검토하면서, 인정 개념이 물화 개념과 연결되어 가질 수 있는

---

* 문성훈과의 흥미로운 인터뷰에서 한 말이다. "악셀 호네트와의 대담: 현대 비판의 세 가지 모델", 《사회와 철학 2: 한국사회와 모더니티》, 2001, 이학사.

사회비판적 함축을 보여주고 있다.

나는 이 책의 옮긴이로서 당연히 이 책의 내용이 독자들에게 어떤 울림을 가질 수 있기를 바란다. 그러나 이 책의 내용만이 아니라 저자가 자신의 주장을 세우고 이를 정당화하기 위해서 택하고 있는 **논증전략**에, 독자들이 적어도 내용에 만큼 주의를 기울이도록 당부하고 싶다. 여기서 호네트는 루카치의, 하이데거의, 듀이의 주장들을 단순히 요약하거나 설명하고 있지 않다. 이 책은 루카치의 물화 개념에 대한 입문서가 아니다. 호네트는 여기서 루카치가 실제로 한 말만이 아니라, 하지 않았으나 논리상 했어야 하는, 혹은 할 수밖에 없었을 말들까지 확장 검토하여 합리적 핵심을 재구성하고, 이를 다른 사상가들과의 비교 검토를 통해 발전시키며, 이를 통해 얻어진 자신의 테제를 발달심리학과 인정이론을 통해 정당화하고 있다. 여기서 그는 첫눈에는 서로 관계가 없는 듯한 이론들을 동원하여 자신의 일관된 주장을 세우고 이를 뒷받침하는 재구성적 종합적 논증전략을 구사하고 있다. 나는 또 호네트의 논증을 따라가며 독자들이 오늘날의 학문적 수준에서 이론적 주장이란 것이 얼마나 높은 정당화 부담을 요구하는지 눈여겨보도록 권하고 싶다. 자신에게 스스로 높은 증명부담을 지우면서 이를 달성하고자 애쓰는 저자의 성실함과 정치함, 서로 다른 이론적 자원들을 동원하여 자신의 얘기로 융합해내는 종합력과 생산력이 개인적으로 매우 인상 깊었다. 이렇게 단지 저자가 하는 말이 아니라, 어떻게 자신의 말을 만들어내는지에까지 관심을 갖고 읽는다면, 이 책의 내용에 동의하지 않는 사람에게도 이 책은 최소한 두 번 이상 읽을 가치가 있을 것이다.

개인적으로 번역된 책을 살 때 거의 항상 어느 정도의 불안을 느끼고, 이런 한국의 번역풍토에 불만이 많던 사람으로서 나의 번역이 그런 구태를 재현하는 것이 되지 않고자 노력했다. 그런 노력은 개인적으로 애를 쓰는 것은 물론이고 주위 사람들을 못살게 구는 것으로도 나타났다. 프랑크푸르트에서 같이 공부하는 윤종필, 이행남, 정대훈, 정진범이 전체 번역원고를 기대 이상으로 기꺼이 자세히 검토하며 읽어주고, 같이 토론도 하고, 개선점들을 지적해주었다. 이런 수준의, 그리고 이렇게 많은 수의 사람들을 예비독자로 갖는 호강을 누릴 수 있는 옮긴이는 많지 않을 것이다.

번역에 관심을 갖고, 격의 없이 열린 자세로 몇몇 실수에 대한 옮긴이의 지적에 기분 나빠하기는커녕 진심으로 감사를 표하고, 눈코 뜰 새 없이 바쁜 중에도 단순히 형식적인 인사가 아니라 자신의 사유의 변화·발전을 명료하게 서술하고 있는 한국어판 서문을 써준 호네트 교수께도 깊이 감사한다. 누구보다, 이 부분을 읽으며 어딘가 난처한 듯 쑥스러워하는 표정을 지을 장춘익 선생님께 감사인사를 드리고 싶다. 그는 이 책의 번역을 권하여 주었고, 초벌 번역이 끝나고 나서는 대학원생이 지도교수 원고를 검토하듯 내 번역 원고를 세심하게 읽고 여러 제안들을 해주었다. 아마 오고 가는 서비스만 본다면 누가 학생이고 누가 지도교수인지 모를 정도인데, 감사하면서도 어딘가 괜히 죄송스럽기도 하다. 그런데 '괜히'라고 하는 것은 솔직히 이런 관행을 고쳐야겠다는 생각이 없기 때문이다. 나는 오히려 다른 학생들이 분발하여 지도교수로부터 좋은 서비스를 받음으로써 나의 '괜히' 죄송한 마음을 없애주길 바란다. 이렇게 여러 명으로부터 검토를 받고 이 정도면 괜찮겠지 하고 원고를 출판사에 넘겼는데 이게 웬걸 나남출판의 윤인영 님으로부터 여러 지적과 제안을 받았고, 이를 통해 좀더 읽기 쉽고 이해하기 쉽게 되지 않았나 한다.

　이제 책으로 나오는 이 번역이 희망대로 어느 정도 괜찮은 번역이라 하더라도 이 책은 내 책이 아니며 여기서 전개된 사유는 나의 산물이 아니다. 나는 기껏해야 그것을 한국말로 옮긴 사람일 뿐이다. 그럼에도 우리 어머니와 아버지는 내가 이 책을 번역하기로 했다는 것을 아신 이후로 전화할 때마다 잘 되어 가는지 관심을 보이셨고, 교정지를 들고 앉았을 때는 그걸 또 읽어야 하냐며 안타까워하기도 하셨다. 부모님은 분명 책을 하나 번역하는 것을 과대평가하고 계시다. 나는 그것이 과대평가라는 것을 잘 알면서도 그 사랑과 관심만큼은 여기에 꼭 기록해 두고 싶다.

2006년 8월 무더위 속에서
강 병 호